珞 珈 问 道 文 丛

教育部哲学社会科学重点研究基地重大项目
08JJD860220课题成果之一

中国报业
市场与互联网视域下的转型

CHINESE NEWSPAPER

Transformation under the View of Market and Internet

吕尚彬 著

社会科学文献出版社
SOCIAL SCIENCES ACADEMIC PRESS (CHINA)

珞珈问道文丛编委会

总策划 石义彬　单　波

主　编 单　波

编　委 （按姓氏笔画为序）：

　　石义彬　吴爱军　罗以澄　单　波　强月新

总　序

　　呈现在读者诸君面前的这套丛书，是一群常年耕耘于珞珈山的同仁奉献的心得之作。这些性情各异、风格有别、思想多元的君子从未想过建构什么学派，而是一任自己的思想与现实问题共舞，就像珞珈山上空自由飞翔的小鸟。他们看上去各有各的玩物之心，玩山玩水玩媒介，可在内心深处都隐藏着"志于道"的情怀，试图在珞珈山寻求安身立命之所。于是，这些心得之作便有了一个内在的主题：珞珈问道。

　　珞珈山并非什么名山，亦非挺拔、奇绝的高山，所依之东湖也没有什么响亮的名头，留在古代诗人吟唱中的，也就剩下"只说西湖在帝都，武昌新又说东湖"的普通诗句。在一般人眼里，东湖美则美矣，只是相较于西湖"文胜质"的冶艳，便只能称其为"质胜文"的粗犷了。居于此地的人大概看上了一种山水相依的静美，陶醉于"山得水而活，得木而华，得烟云而秀媚"的物外桃园之境。此山原名罗家山，又称落驾山，听上去有些落俗，隐含一点小家子气，外加一点迷恋权贵的味道。让人称奇的是，在首批来此任教的 28 名教授中，深通佛心的闻一多先生不仅看山似一尊佛像，还把这落俗之名听成了"珞珈"的谐音，遂将此山改名为珞珈山。珞珈之名源自梵文"Potalaka"，译为"普陀洛迦、补怛罗迦、布怛落伽"，乃佛教"观自在菩萨往来其间"的道场。当时的师生特别认同新山名，仿佛通过它赋予的想象，看到了入世与出世、此岸与彼岸之间的通道。从此，珞珈山收敛起粗俗之气，融自然美与人文美于一体，而变得文质彬彬了。

以学术为业的人们在这里与三教九流比邻而居，谈笑有鸿儒，往来亦有白丁，接地气之风不期而养成。身居陋室，心游八仞，"无丝竹之乱耳，无案牍之劳形"，专注于理性的世界，如切如磋，如琢如磨，遂成问道之传统。薪火相传之际，文、法、理、工、农、医的学科架构铺展开来，蔚为大观，"问道"渐成珞珈人的存在之道：面向万事万物的真道或本源，探寻它的虚静无为而又复杂多变的特征，同时追寻形而上的终极价值，成就自强、弘毅、求是、拓新的人生。问道者身处波光粼粼、小山相连的山水校园，偏偏喜吟"荡荡东湖，巍巍珞珈"，看上去有些夸张，实际上潜意识里内涵一种精神自由舒展的自我期许。珞珈山水校园表现的就是这种精神的舒展：校园建筑是中西合璧的，映衬着融汇中西的学术志趣；校内绿荫如盖（植物达到 151 科 738 种），春桃秋桂，夏榴冬梅，更兼有百鸟吟歌（鸟类亦有 28 科 118 种之多），标示着多元并包的学术风格。

此山此水，仁智合一，乐山乐水者皆可寻得归宿。登高望远，明理致知，可谓山水相依藏真情，鸟语花香皆禅意。

谢天谢地，我们有缘聚集在这块修身养性的宝地，让一切烦恼与困苦消解于珞珈问道的过程之中，让我们的新闻传播研究涵泳于多学科的思想海洋。

1983 年，正值中国新闻改革如火如荼之时，新闻传播人才的短缺、老化与非专业化、非国际化等问题凸显，武汉大学应时之需，毅然开拓新闻传播教育领域。学校把我们从文学、哲学、史学、经济学、外国文学等多领域调配过来，加上少量从外面引进的新闻传播学者，组成了一支新闻传播教育的"杂牌军"。最初，我们这支队伍的杂色与不入流是如此明显，以致并不被人看好，我们也一度陷入迷茫。好在我们可以冷静下来，寻找突破口，发现重新起步的中国新闻传播学的发展并不充分，不仅理性能力不足、超越性与创造性匮乏、视野狭窄、诠释力很弱，而且还感染上"抽象与僵化"的痼疾。所谓抽象只不过是对狭小经验范围内的事情做貌似科学的定义，所谓僵化则是把学术话语简化为意识形态话语。审时度势，我们意识到，只有突破这种局面，新闻传播学科才可以自立，研究者才有出路。幸运的是，学科交叉的优势发挥了作用：我们可以通过马克思主义意识形态学说批判新闻传播领域的异化现象，重新思考新闻传播的基本原理；可以运用"历史向世界历史转变"的整体史观重新建构新闻传播史；可以透过现代化理论重新诠释新闻专业主义和新闻实践；可以导入结构主义理论、接受美学、社会心理学、批评性话语分析理论，拓展新闻思维的空间，可以借助比较文化学、比较政治学、比较哲学、比较经济学等视野，开创中西新闻比较研究。随着学术的积累，大文化视野中的新闻传播研究便成了同业诸君所认同的一个特点。直到今天，我们都保持着在开放的视野中开展新闻传播研究的习惯，以抵抗思想的衰败与老化。

当然，只停留于书斋的抵抗是无力的，还必须把目光投射到现实，以问题意识突破新闻传播研究的樊篱。我们的问题大致可以概括为三类：第一类是"新闻为何存在，新闻如何存在"，它综合了行为主义和人文主义的问题，以此对抗教条化的研究；第二类是"传播为什么不自由，传播如何自由"，它充分吸纳马克思主义和西方马克思主义的问题，以此解构功利主义研究的单向性；第三类是"传媒产业与文化产业如何表现创造性"，它以创造思维为导向，面向创意的世界，消解概念化、模式化的研究。问题总是具体化为现实的难题、疑问与话题，它使我们更深地介入到中国传媒的发展过程，让媒介发展的理性贯通于中国社会文化发展和全球化发展的现实，追求新闻传播学科的理论创新与方法创新。我们顺着这些问题不停地问，不停地想，积累成三大特色领域：新闻传媒发展与新闻传播理论创新、媒介化社会与跨文化传播以及广告与媒介经营管理。收录在这套文丛里的大致可以呈现我们在探索中留下的这些痕迹。

珞珈问道三十年，所留下的终究是一个梦，既有庄周梦蝶的欣喜与洒脱，也有蝶梦庄周的失落与羁绊，到头来得到印证的还是夫子所言："学然后知不足，教然后知困。"因此，我们为自己留下这些习作，作为下一个三十年自反与自强的依据。

珞珈山上痴蝴蝶，犹梦大道翩翩飞。我们是一群钟情于珞珈山的君子，尽管春天让我们伤感过，夏天让我们难受过，秋天让我们失望过，冬天让我们迷茫过，可我们还是选择了这块诗性、理性、佛性的栖居之地。这是说也说不清楚的情感和缘分，读者诸君只有在每位作者的书稿中慢慢体会了。

是为序。

单　波

甲午春于珞珈山

目　录

自序
且行且思考：探寻市场与互联网视域下中国报业的生存之道

我常常在想，在人类文明传播的历史长河之中，每一种媒介总有它们的宿命，但没有哪一种媒介曾经像中国报纸那样辉煌。中国报纸媒介，与中国的现代化进程几乎同步发生和发展。报纸在中国社会的入场、在场、出场，几乎见证了、推动了中国社会现代化的启蒙、肇始与实现的全过程。自从1815年第一份中文报纸《察世俗每月统记传》创刊以来，历经近200年，报纸一直是中国社会居于主导地位的大众传播媒介。较之于其他后起的电子媒介、网络媒介，报纸参与了近两个世纪以来中国社会的一切重大变革，建构了媒介环境，塑造了社会现实，设置了社会议程；表达了从近代至今天，国人的光荣与梦想、历史的屈辱与悲愤以及民族的激情与希望、复兴与崛起，当然也表达了一些错误的甚至是阻碍社会进步的"文化迷雾"。它构建了现代中国人的思维与生活，影响了几代国人前仆后继所走过的现代化道路。

中国报纸的发展及其命运是我在最近十几年里投注大量精力着力关注的研究主题之一。

众所周知，当今中国社会正处在信息化、市场化、民主化、全球化四重社会变迁浓缩叠加在同一时空的史无前例、惊心动魄、波澜壮阔、气势恢宏的现代化转型的历史关键节点上。不只是社会在转型，处于社会转型期的包括报纸在内的社会传播媒介也正在经历巨大的转型。在与中国社会互动互构的过程中，传媒的市场化、主流化、数字化、国际化转型趋势推进着中国媒介的大融合和重组发展。在社会与媒介双重转型的背景下，报纸的转型成为正在发生的活生生的事实。一代又一代的中华民族儿女在创造历史过程中的激情、喜悦、呐喊、悲愤、痛苦、希冀，都一一投射到报纸之上。但报纸不只是反映现实，同时也在与社会大系统的互动过程中，塑造着现实，建构着自身。在中国当代社会结构的调整、社会阶层的分化、社会整体的转型过程中，报纸的媒介权力、媒介能量的释放，又加剧了社会转型，成为社会结构的调整、社会阶层的分化的放大器与加速器。基于此，在2005年前后，笔者撰写并出版了《中国大陆报纸转型》一书，表达了初步的思考。

但是，报纸的命运惊心动魄而又悲怆无比。2004年之前，还是报纸最为辉煌的时代，是被学者称之为"大报纸的时代"。时间的车轮跨入2005年，报业经营的"拐点"突现之后，似乎在一夜之间，报纸进入了最为艰难的时代，进入了面临灭顶之灾的时代。到了今天，报纸的衰落似乎无可挽回。在地铁列车上，一张张年轻的面孔大多专注地盯着手里的智能手机屏幕而不再读纸报纸刊；常年守卫着报摊谋生的大爷或大妈，无奈地看着行人从自己的面前匆匆走过而不再停留，大街上的报刊亭一天天在消失；从前的优秀报人或者新闻记者开始纷纷"转场"移动互联网、智库与其他新媒介，以重新寻求生存的峰顶；一些新闻与传播学院的学生，也已经把报纸视为"古典媒介"，传统的报社似乎不再是他们趋之若鹜的理想职场。特别是1985年以后出生的所谓"网生代"逐步成为社会的中流砥柱的时候，报纸似乎正在媒介家族里被次要化、边缘化，甚至公关化。

曾经辉煌的报纸就这样倒在中国现代化即将实现的门槛上？

我们不是为报纸的末日唱挽歌，而是希望报纸能够在新的媒介生态环境的适应中浴火重生。在已经到来的移动互联网时代，在即将到来的由大数据、云计算、物联网构成的大互联网时代，在中国的现代化与信息化突飞猛进的时代，希望报纸能够重新找到生存的蓝海。

本书的名称使用了"市场"与"互联网"的大词，希望能够揭示报纸在中国现代化即将实现的今天，实施发展战略大转移的动向。事实上，收入本书的十几篇论文，是作者游走于业界与学界"且行且思考"的产物。大多是最近几年参与、见证报媒变革，分析、回应报纸、报业的问题而形成的思考。有一些，则是与部分报纸的操盘手对话、交流形成的观点和成果。

《论中国的主流报纸》分析中国主流报纸的社会基础、市场期待、种群特征和发展模式。结合中国新的社会阶层结构的彰显和主流社会阶层的崛起，试图为中国的市场主流媒介的诞生与发展找到一种进路。

《中国报业转型发展的四大战略走向》揭示全程参与、推进当代中国社会的市场化、民主化、信息化、全球化四重社会变迁浓缩叠加在同一时空的巨大转型的中国报业与社会转型同构对应、互动互构，大体上是在民本化、产业化、数字化、国际化四个向度上生长、发展的战略走势。

《都市类报纸主流化转型的路径、误区及对策》针对一批都市类报纸探索主流化转型过程中出现的"伪主流化""二党报化"等误区，试图呈现一些建设性的观点。

《中国报业转型发展的民本化战略走向》探悉报纸适应社会结构的转型而逐步向社会各阶层的信息传播工具、代言工具转化，并最终向社会利益表达渠道转型发展的走向。

《中国报业数字化转型的问题与对策》分析了在社会信息化和

媒介融合的进程中，报纸媒介从最初的报网互动转向数字化生存的问题及其解决对策和建议。

《中国报业的比较发展优势》试图揭示出报纸在转型发展过程中重新构筑的适应数字化时代传播环境与市场环境变化的"比较发展优势"。这些基于报纸新闻报道特性的比较发展优势，既表现为主流化转型报纸的内容创新优势，又表现为传媒市场化进程的领先者优势和媒介融合拓荒者的优势。

《非时政类报刊转企改制：2011年中国报业发展主旋律》似乎有一些应时而作的意味，其实揭示了报业市场化转型过程中，尤其是转企改制的进程中的趋势与问题。

《渐进性演变，还是激进性变革？——我国报业数字化演变轨迹的思考》揭示中国报业数字化演进的轨迹，并提出：从新兴、趋近，到共存、支配的激进式演变，将是中国报业在数字化进程中的基本演进轨迹。其间，有可能出现纸报的短暂复苏，但这一轨迹的整体走向则是不可逆转的。

《转企后报刊：用企业家精神克服"事业惰性"》试图解决转企后报刊的发展动力问题。如何构筑并实践企业家精神，克服"事业惰性"，实现内在运行机制的彻底变革，将是这些报刊机构成功转型并获得持续发展动力。

《谁能够成为构建付费墙的中国报纸？》提出了一种设想：构建自身的客户、产品、呈现、价格、促销等运行要素，同时能够破解"专业"与"宣传"、"通稿"与"个性"、"市场"与"超时场"、"免费"与"收费"四大纠结的报纸，或许能够成为成功设置付费墙的第一批中国报纸。

《〈纽约时报〉付费墙及其对中国大陆报纸的启示》探索了《纽约时报》付费墙构建机制，提出了它在"向数字时代的产品为王的转型""以品牌影响力为基础，培养重度体验者和品牌忠诚者""建立系统的市场推广模式""数字化与全球化战略并举"等几个方面对中国报纸构建付费墙的启示。

《中国政府与传媒的双向互动关系初探》分析的是报纸媒介生态环境变化的核心方面——中国政府与传媒的关系的演进。在中国社会与传媒的双重转型发展过程中，伴随着政府角色与职能的变迁和传媒的变化，政府与传媒的关系正在发生转型：从传统体制之下的政府对传媒的单向控制转变为包括共生关系、工作关系、监督关系在内的政府与传媒的双向互动关系。

《重组中重生：报媒的转型生存逻辑》是一篇在2014年4月刚刚面世的"新作"。分析了中国报业进入了与新的媒介产业模式"共存"的阶段，揭示了这一阶段传媒重组的动力与趋势，提出了"报纸重生"至少应经过基因重组、市场重定、组织重构、产品重生等多重变革。

《2010～2012年美国数字报纸付费墙研究综述》虽然是一篇文献综述，但却是中国国内最早的分析美国报纸付费墙学术态势的文章，可能会对国内的相关理论研究与实践探索产生一定的启示。

在这篇《自序》落笔之前的6月25日，我们课题组承担的《湖北日报传媒集团发展规划（2014～2020）》刚刚完成并正式发布。这个"规划"按照媒介融合的思路，从大传媒观、大产业观和互联网思维的角度，帮助湖北日报传媒集团谋划了"全媒体、多元化"发展的战略思路，提出了一个报业传媒集团的转型发展的顶层设计思路和线路图。在某种意义上，也是这个小册子里面的思想观点的应用。

中国报业的转型与发展正在进行，我们的研究与探索也将随之持续推进。收录的这十几篇论文，除了个别字句稍做调整外，尽可能保持发表时的原貌。它表达的只是一个探索的断面或者阶段性思考，试图能够管窥、洞察这个大转型、大变革时代中国报纸的命运与走向。对于关注大众传播产业发展核心问题的学者来说，其使命在于理性、建设性的思考，以便为产业界和学术发展提供一些思想与观点的支持。至于这些思考与思想的价值，则恳请读者诸君去了解、体验、判断。

是为序。

吕尚彬

2014 年 6 月 28 日

于珞珈山

论中国的主流报纸[*]

主流报纸是一个报业市场的概念，它是在报业竞争中形成的关注社会发展的主流问题。成为社会主流人群所倚重的信息和观念来源的传播面广、影响力大、公信度高、社会效益和经济效益最好的报纸，是报业市场中与大众化报纸相对应而存在的一种高级报纸。伴随着中国社会分层和社会结构的初步定型，在市场经济体制的框架下，社会主流人群浮出水面。与社会主流人群传播资源占有和传媒接近权实现相一致的新的报纸种群——主流报纸的形成与发展，成为21世纪我国新闻媒介的重要发展动向。

一 主流报纸的社会基础

20世纪80年代以来，中国社会改革与发展为主流报纸的崛起提供了一定的社会基础。在社会阶层雏形显现、社会结构初步定型化的今天，社会主流阶层形成并崛起。

第一，社会主流阶层开始现形。在中国社会由传统的农业社会向现代工业社会（工业化）和由计划经济体制向社会主义市场经济体制（市场化）持续转型的过程中，经过劳动分工、权威等级、生产关系、制度分割等社会关系的作用，国民所拥有的组织资源、经济资源、文化资源有所不同。据此，社会学家认为我国已经分化

---

　　* 发表于《中国媒体发展研究报告》2009年卷。

成为十大阶层，即："（1）国家与社会管理者阶层；（2）经理人员阶层；（3）私营企业主阶层；（4）专业技术人员阶层；（5）办事人员阶层；（6）个体工商户阶层；（7）商业服务业人员；（8）产业工人阶层；（9）农业劳动者阶层；（10）城乡无业、失业、半失业阶层"。[①] 虽然社会阶层的形成、分化、解组、重新整合仍然在进行过程之中，但"中国社会已分化为十大社会阶层，凡是现代化社会的基本构成分都已具备，现代化的社会阶层位序已经确立，一个现代化社会阶层结构已经在中国形成"。[②] 而在上述十大阶层之中的"国家与社会管理者阶层""经理人员阶层""私营企业主阶层""专业技术人员阶层"等大体上成为社会结构的上层，也就是一般而言的主流阶层，或者叫社会的"核心动力人群"。

第二，社会资源垄断趋势出现。社会资源的垄断趋势指的是社会经济资源、组织资源、文化资源向社会上层集中的趋势。这一趋势有三个观测点：一是国有垄断行业的规模越来越大。石油、煤炭、金融、铁道、通信、钢铁、汽车、航空、军工等行业的中央直属企业的战略性调整的推进，不但这些企业成了核心竞争力突出、具有较强国际竞争力的大公司、大企业集团，而且"央企"的中上层管理人员占有的社会资源数量，也远远高出其他通过国有企业而进入社会特殊利益群体。二是中国社会的贫富距离进一步加大。三是国家与社会管理者、大型企业中高层管理人员、私营企业主等社会阶层中原本只拥有一类或两类资源的人，到近年来则基本同时拥有经济、组织、文化三种资源。

第三，中国社会分层结构的初步定型化。所谓"定型化"是指这样的一种结构可能要维持相对稳定的时间。社会结构的初步定

① 陆学艺主编《当代中国社会阶层研究报告》，社会科学文献出版社，2002，第9页。
② 陆学艺主编《当代中国社会阶层研究报告》，社会科学文献出版社，2002，第5页。

型化有四个标志：标志一，阶层之间的边界开始形成。上海、北京、广州、深圳、成都、武汉等城市，已经形成了"区隔"于其他阶层的富人区；专门服务于富裕阶层的"会所"和"俱乐部"的兴起，已经为富裕阶层提供了展开其生活方式和社交圈的独特领地。标志二，阶层内部认同感的形成。不同的社会阶层之间"我们感"与"他们感"的阶层认同意识萌生，并且认同率逐步提升。1996年社会学家对武汉市民进行了"阶层认知"调查，"有大约3/4的人意识到自己所处的是一个不平等的社会。"[①] 2002年的社会调查表明："处于社会顶层的阶层和处于社会的底层的阶层，阶层内部身份认同率较高。"[②] 标志三，阶层之间的流动开始减少。中国社会科学院社会学研究所2002年的一份研究报告表明，在处于优势地位的国家与社会管理者、经理人员、专业技术人员等阶层中，代际继承性明显，代内流动明显减少，表现出多进少出的趋势；而处于经济社会地位较低的阶层的子女，要进入较高阶层，其门槛明显增高，两者间的社会流动障碍在强化。[③] 另一方面，个别社会阶层出现了凝固化迹象。工人阶层"在转型前和转型过程中，工人阶层成员具有向较高的办事员阶层和管理阶层流动的较多的机会。随着转型的深入和定型，这种流动机会逐渐减少，不仅在社会劳动力市场上的机会减少，而且在社会经济组织内部劳动市场上的流动机会也减少。工人阶层成为相对凝固的社会群体。"[④] 标志四，社会阶层的再生产现象已经显现。特别是由于高等教育的市场化和教育机会、资源非均衡倾斜，减少了城市贫困家庭和农村孩子接受高等教育的机会，导致社会底层通过教育地位的获得、人力资本的

---

① 李培林等著《中国社会分层》，社会科学文献出版社，2004，第211页。
② 李春玲著《断裂与碎片》，社会科学文献出版社，2005，第277页。
③ 陆学艺主编《当代中国社会流动》，社会科学文献出版社，2004，第14页。
④ 陆学艺主编《当代中国社会阶层研究报告》，社会科学文献出版社，2002，第219页。

提升而向上流动的可能性大为降低，强势群体和弱势群体社会阶层的再生产现象发生了。

第四，社会精英群体的互换与联盟开始形成。社会精英指的是社会中的一部分杰出人才。这是社会主流人群的核心部分。任何社会都有政治精英、经济精英和文化技术精英三种基本精英，并且需要精英配置、循环和互换。所谓"精英配置"是指社会不同类型精英群体的比例关系；所谓"精英循环"是指经营群体的继承问题；所谓"精英互换"是指的政治精英、经济精英、文化技术精英之间的流动。我国的社会精英互换机制正在形成。在国家的中高层干部配置过程中，一部分技术与文化精英转化成为政治精英；而在历次机构改革的过程中，也有一部分政治精英又转化成为经济精英。本来精英的转化是一种常态社会机制，但在我国一定程度上的非制度性生存的环境下，强势群体之间，尤其是"这三部分精英之间已经形成了比较稳定的结盟关系，而且具有相当大的社会能量，对整个社会生活开始产生重要影响"。[①]

社会分层和社会流动的趋势深刻地改变着社会资源流动方式和社会传播工具，特别是中国社会主流阶层开始现形、社会资源垄断化趋势的出现、社会结构的初步定型化、社会精英群体的互换与联盟这四大特点，直接引导着报纸对目标消费群体，特别是社会高端群体的选择，进一步导致报业的分层化，影响着报业市场的走向。

二　主流报纸的市场期待

我国的报业市场期待着主流报纸的诞生和发展。最近50年，我国报业格局的演变逻辑，仅仅从报纸种群演进的角度，可以概括

---

① 孙立平著《失衡：断裂社会的运作逻辑》，社会科学文献出版社，2004，第62页。

为"三个报业时代"：20 世纪 50 年代初至 80 年代初，计划经济体制下的机关报一统天下的"党报时代"；20 世纪 80 年代中期至 90 年代社会体制转型初期的"晚报时代"，形成报业市场的党报、晚报并存的二元格局；20 世纪 90 年代中期，伴随着市场经济体制建立和传媒产业化进程的升级，作为"立足城市，面向市场，贴近读者，具有市民化、城市化色彩的报纸"的都市报异军突起，使中国报业进入"都市报时代"。在新世纪初始，党报、晚报、都市报，使中国报业市场呈现三元并存的格局。但是，所谓"三元"只是一个量的态势描述，并无质的意义。一个不争的事实是，党报并无市场竞争力，它本身并不是市场的产物，而是在报纸产业化的进程中依靠财政补贴或子报输血而超市场生存；晚报式微，以至于晚报试图在都市报的领地里，找到自己的生存空间。最具有市场生机的，或者说引领这一阶段报业市场的优势种群只有都市报种群。都市报的生态价值和种群演进价值，不只是激活了报业市场的全面竞争，更重要的是建构了报业市场的大众化报纸这样一类市场主体。

　　不过，都市报也面临困境。都市报的困境至少有两个方面：一是报业市场的高度同质化。数以百计的报纸定位越来越一致，内容越来越接近，报像越来越相似，使都市报呈现出高度同质化。"目前报业竞争越来越激烈，但这种激烈的竞争实际上是一种同质重复，也就是说同质同效的东西大量积累。"[①] 都市报的同质化，既是市场竞争的结果，又是更高层次市场竞争的起点。二是都市报自身存在着缺陷。首先，它是以规模发展作为市场的诉求点。"厚报的时代"的都市报经营，是一种"大投入、大产出，小投入、不产出"的规模经营。其次，都市报的内容大多注重刺激性的绯闻、犯罪、战争、腐败、体育、娱乐信息，已经开始脱离社会主流人群

---

① 喻国明著《解析传媒变局》，南方日报出版社，2002，第 29 页。

对信息传播的中心需要。① 埃默里父子在描述 19 世纪 90 年代黄色新闻时写道："记者在标榜关心'人民'的同时，却用骇人听闻、华而不实、刺激人心和满不在乎的那种新闻阻塞普通人所依赖的新闻渠道，把人生的重大问题变成了廉价的闹剧，把新闻变成最适合报童大声叫卖的东西。"② 其实，对 20 世纪 90 年代后期都市报进行内容分析的话，不难发现这种现象的大量存在。最后，都市报区域化的地理定位和大众化的受众细分，放弃了"全国大报"的追求，在一定程度上忽视了社会主流人群的需要。"长期形成的对市场的充分重视，使都市报有意无意地简化忽略了主流媒体权威性的内涵和在报道风格上对理性的崇尚。"③ 因此，在一定时期内，一方面由于都市报的勃兴，导致休闲娱乐、日常生活传播资源的过剩；另一方面，报纸又无法满足人民的知情权需要，难以满足体制和政策造成的巨大的信息饥渴，缺失"主流报纸"。

而从新闻传播的历史演进规律来看，成熟的报业市场，不仅需要"大众报纸"，更需要具有较大的社会与市场影响力的"高级报纸"，或者说"主流报纸"。19 世纪后半期到 20 世纪初期，报纸大众化过程中，黄色新闻的扩散、商业性的"廉价报纸"的大量涌现的同时，也形成了一批"高级报纸"。它们坚守新闻职业道德，不偏不倚、无私无畏地既报道国内外政治、文化、经济新闻，又发表具有说服力的社论，虽然发行量比"廉价报纸"要小，但社会影响力极大，成为社会生活的监视器、社会历史的记录者和思想观念资讯的主要来源。被誉为美国新闻史上"新闻进取精神的标兵"的《纽约时报》《国际先驱论坛报》《洛杉矶时报》等正是在这个

---

① 喻国明著《解析传媒变局》，南方日报出版社，2002，第 30 页。
② 〔美〕迈克尔·埃默里等著《美国新闻史》，展江等译，新华出版社，2001，第 223 页。
③ 张昆、陈力峰著《都市报主流转型的困局与出路》，《新闻记者》2008 年第 9 期。

时期，以主流报纸的市场定位确立了"高级报纸"的发展模式。[①]
而在我国的 20 世纪 30 年代，既有成舍我主办的吸收美国大众化报纸的经营思路以独家新闻和醒目的标题招徕读者、以缠绵曲折的连载小说适应读者趣味的《世界日报》，又有以"不党、不卖、不私、不盲"横空出世而成为美国密苏里大学新闻学院推举的 1940 年度最佳外国报纸的《大公报》。因此，报业市场发育到一定程度，就可能产生对主流报纸的期待。就我国当代报业市场的进程而言，主流报纸的市场期待成为报纸的自主追求，大约出现在 2001 年前后。国内的一些报刊也已经清楚地意识到"主流媒体"的缺位，进而提出打造主流报纸的战略目标。但是，这只是部分媒体的一种迎合市场期待的行为或冲动。主流报纸不是自封的，而是读者选择的结果；不是由行政机关认定的，而是市场竞争的产物。认识到了市场的期待，与能不能成为主流报纸决不可同日而语。

三　主流报纸的种群特征

"主流报纸"的概念从"主流媒体"的概念分化而来。主流媒体（Mainstream Media）最早由美国麻省理工学院的著名语言学家诺姆·乔姆斯基（Noam Chomsky）提出来。他在 1997 年发表的《主流媒体何以成为主流》（What Makes Mainstream Media Mainstream）一文中，提出了主流媒体的概念，描述了他所认为的主流媒体的特点及其在美国社会的运行方式。在他看来，《纽约时报》和哥伦比亚广播公司等主流媒体，基本上通过为社会设置议程和为其他媒体设定议程，影响着社会的舆论。主流媒体本身是大公司，大多数时候是巨型联合公司，它们是私人权力的集中体现，其内在结构是专制

---

① 〔美〕迈克尔·埃默里等著《美国新闻史》，展江等译，新华出版社，2001，第 271 页。

的，大多数并不对公众负责；和其他商业机构一样，主流媒体通过向广告客户出售观众的注意力而获取利润。主流媒体的受众大多来自有权势的阶层。主流媒体与美国社会的大公司、私人财富、高等教育机构等具有相同的内部运作机制，它们一起构成了美国主流社会的运行方式。主流媒体与其所置身其中的社会大环境能够和谐地一起运行并融入这种社会环境中去。也就是说，至少从能够顺利运行的表面来看，主流媒体是与其社会系统相适应而存在着的，成为维护社会得以顺利运行的一部分。① 乔姆斯基还将主流媒体称之为精英媒体（Elite Media）和主要媒体（Major Media）。显然，他在媒体与政府批判的意义上提出并使用这些概念。

仅仅在主流媒体的概念问世一年后，我国传媒界就导入了这一概念。1998 年 3 月，为了在同质化竞争中形成竞争优势，《华西都市报》率先提出了"迈向主流媒体"的战略选择。时任该报总编辑的席文举提出的"主流媒体"是"以权威性、影响力为核心"的媒体。② 此后，《华西都市报》成为 21 世纪的主流报纸，成为许多报纸新世纪初的梦想和追求。《北京青年报》在 2002 年 10 月全面改版，仿效美国《纽约时报》的管理模式，试图成为"都市主流媒体"。一些晚报或都市报，也竞相提出成为主流报纸或中国最好的报纸的战略目标。例如，《楚天都市报》也从 2007 年开始，实施主流化转型。媒介研究者也大胆预测："主流传媒则被认为是我国未来 10 年间最具有发展潜力和市场空间的发展模式"。③ 但是，报业领域对于主流报纸的理解差别极大。例如，《人民日报》《中国青年报》《光明日报》《经济日报》等全国性党报，尽管发行量和社会影响力江河日下，但长期以来以主流报纸自居。《南方

① Noam Chomsky, "What Makes Mainstream Media Mainstream", http://lib.verycd.com/.
② 席文举著《报纸策划艺术》，中国社会科学出版社，2000，第 25 页。
③ 喻国明著《解析传媒变局》，南方日报出版社，2002，第 29 页。

都市报》在运作理念上，祭起了新主流媒体的大旗，明确推出"《南方都市报》，办中国最好的报纸"的办报理念，宣称要"坚持主流政治立场，选择主流价值取向，符合主流审美情趣，针对主流社会，锁定主流人群，吸引主流读者，吸纳主流广告"。《钱江晚报》自定的目标是"跳出小报小刊低俗竞争的小圈子，打造21世纪中国城市主流报"。近年多次改版的《南方日报》鲜明地亮出"高度决定影响力"的最新理念：把报纸定位为区域性、国际化的权威政经大报；把读者定位为领导者、决策者、管理者、投资者、经营者、公务员、商人、专业人士等高端读者。显然，媒介研究家预测的"主流报纸"的发展模式，并不是现在的中央报纸的模式；《南方都市报》《南方日报》所谓的"主流报纸"或"中国最好的报纸"，与《钱江晚报》的"主流媒体"内涵也不大一样。另外，与《新京报》差不多同时诞生的《东方早报》确定自己的目标是做一份东方的与《纽约时报》《泰晤士报》一样的"主流化大报"。

何谓"主流报纸"？作为一个报纸种群，主流报纸不是一个数量的概念，并不是说发行量大的报纸，就是主流报纸，尽管主流报纸以其影响力之巨大，必然会有较大的覆盖域和发行量；主流报纸也不是一个媒体形式的概念，已经成为一定社会主要的媒体样式的主要报纸不一定就是主流报纸；主流报纸更不是一个党报种群的概念，没有经过市场选择和竞争的报纸，或者超市场生存的报纸，也不是主流报纸。主流报纸是一个报业市场的概念，它是在报业竞争中形成的必须关注社会发展的主流问题，成为社会主流人群所倚重的资讯来源和思想来源的传播面广、影响力大、公信度高、社会效益和经济效益最好的报纸，是报业市场中与大众化报纸相对应而存在的一种高级报纸。

如果要成为主流报纸，就必须明确认识到主流报纸生存的环境要求和社会场域特质。一方面，主流报纸需要制度化的新闻传播自由体制的支持，媒体的采访报道权利和受众的知情权利能够得到法律的有效保障；另一方面，主流报纸具有一系列迥然有别于党报、晚报、都市报种群的特质。主流报纸本身起码应具有以下的特质：

第一，恪守职业精神和专业主义理想。新闻的职业精神和专业主义理想，要求新闻报道尽量追求客观、真实、公正。新闻传播者在新闻采访、写作、编辑过程中，能从公众的利益和视角而不是记者的个人偏好或其他利益主体的要求出发，采取一种专业化的操作方式处理信息；尽管绝对的、纯粹客观的报道是不存在的，但通过尽可能客观、公正的报道来满足受众的知情权，是新闻传播者的天职。"任何报纸对其共同体承担的职责都是力求提供诚实而全面的新闻报道，并且无所畏惧地在社论中阐明观点，以维护人类自由和社会进步的基本原则。坚持不懈地履行这些职责的报纸博得公众和同行的赞扬。使报纸获得较广泛的职业认可，其他的因素还包括领导者个人的杰出以及长期的出版传统。"① 世界著名的主流媒体，首先是在坚持新闻专业主义理想方面树立独特的报格。例如，《纽约时报》的创始人亨利·J. 雷蒙德早在 1851 年就摒弃《纽约太阳报》和《纽约先驱报》的煽情手法而宣称："我们《纽约时报》将永远站在道德、工业、教育和宗教的立场上，报道世界各地的新闻，成为纽约最好的报纸……我们不打算给人感觉是在感情冲动下写文章，除非有什么确使我们激动，但是我们尽量使自己不要感情冲动。"② 阿道夫·S. 奥克斯 1896 年收购《纽约时报》时，强调专业主义理想仍然是他的办报理念："我的殷切目标是：《纽约时

① 〔美〕迈克尔·埃默里等著《美国新闻史》，展江等译，新华出版社，2001，第635页。
② 转引自辜晓进著《走进美国大报》，南方日报出版社，2002，第44页。

报》要用一种简明动人的方式，提供所有的新闻，用文明社会中慎用有礼的语言，来提供所有的新闻；即使不能比其他可靠媒介更快提供新闻，也要一样快；要不偏不倚、无私无畏地提供新闻，无论涉及什么政党、派别或利益；要使《纽约时报》的各栏成为探讨一切与公众有关的重大问题的论坛，并为此目的而邀请各种不同见解的人参加讨论"。[①]

第二，受众定位于高端读者（主流人群）。社会成员中的一批中上层社会成员或者社会精英阶层，例如领导者、决策者、管理者、投资者、经营者、公务员、高级商人、高级专业人士等，他们是社会的"核心动力群体"，对其他层面产生巨大的社会影响力。他们在社会传播活动中，处于传播者或意见领袖的地位；在日常社会生活中，是社会生活方式的引导者、优雅生活的享受者和时尚消费的策源地；在特定的社会领域，拥有知识、经济、政治、资本、权力的话语权；在社会的价值观层面，是社会价值观念的稳定器。主流报纸的读者定位必须是针对这样的"主流社会人群"。主流人群的数量可能不大，但质量极高、势能极大，因而其社会影响力和经济影响力都是其他社会群体无可比拟的。这就是"在美国报纸中，主流媒体只占3%，但它的社会影响力和广告的份额却占全美的30%～40%"的秘密。[②]主流报纸并不一味地追求受众的数量，并不简单地强调传播面广，但由受众的影响力为报纸的影响力"二次点火"，加速扩展报纸的影响力，可以多级聚集受众的注意力。因此，主流报纸的广告回报率也极高。

第三，在对新闻信息的开发与处理上，如实地客观报道与冷静地观察分析相结合，挖掘专属资源，满足读者的需要。主流报纸对

---

① 〔美〕迈克尔·埃默里等著《美国新闻史》，展江等译，新华出版社，2001，第273页。

② 喻国明著《解析传媒变局》，南方日报出版社，2002，第30页。

新闻信息的开发与处理可能涉及三个层次。首先，要充分运用科学的媒介市场调查与分析的工具了解读者、研究读者，准确把握目标消费群体信息需求。对消费者的研究，既要研究其信息需求的具体内容，找到目标消费群体的优势需要；又要研究他们信息消费的方式和阅读方式，以便报纸的内容和形式与读者的阅读需要契合。其次，根据目标消费群体的信息需要，及时地、客观地、平衡地报道新闻事实，深刻地关注和纪录社会上正在发生和形成的历史。这是不言而喻的。对日本的《读卖新闻》《朝日新闻》等主流大报深有研究的中马清福写道："信息爆炸的社会，对准确地、迅速地判断什么是真实的，应该选择什么等提出了很高的要求，报纸的责任就是要通过正确而公正的报道、负责任的评论来回应社会的这种要求，履行公共的、文化的使命。"[1] 最后，体现出深层关怀和价值判断。所谓"深层关怀"强调的是主流媒体并不仅仅通过关注社会的政治、生活表层来体现人文关怀，还要找到并关注推动和导致社会发展变革的深层原动因素，并把它作为自己的专有资源，根据目标消费群体的需要，进行深层开发。所谓"价值判断"突出的是以专业的视角、专业的分析工具与方法为受众整合、梳理信息，为人们提供冷静而有序的观察与分析。传媒每天都要进行两种判断：事实判断和价值判断。事实判断是要将新闻事件表述得清楚、准确、全面、系统；价值判断是要对各种相关的信息进行深度分析、整合，并在此基础上提出意见、解释、见解和见识。前者是所有媒体都必须具备的基本功，后者则是主流媒体的特质所在。

第四，成功的市场推广模式。独特的市场推广模式，包括稳定的媒介销售体制、巨大的广告收益、独特而持久的品牌影响力等构成因素。成熟市场经济体制之下的主流报纸，如《纽约时报》《洛

---

① 〔日〕中马清福著《报业的活路》，崔保国等译，清华大学出版社，2005，第63页。

杉矶时报》《华盛顿邮报》《读卖新闻》《泰晤士报》《华尔街日报》等，饱经历史风雨和市场风浪洗礼的主流报纸，也形成了自己的独特品牌形象，并且使品牌影响力独特而又持久，绝不朝三暮四，左右摇摆。

四 主流报纸的诞生与发展模式雏形

自从 21 世纪初导入主流报纸的概念以后，我国报纸种群开始了主流报纸的建构征程。除了一些报刊出于市场营销和市场推广的需要，实施概念营销策略而自封为主流报纸之外，确实有一部分报纸，如《北京青年报》《新京报》《南方周末》《南方日报》《21 世纪经济报道》《东方早报》《中国经营报》等表现出了主流报纸的雏形和不同的发展模式。就主流报纸的模式而言，大体上分四种类型：一是以《新京报》为代表的全新起点的主流报纸；二是以《南方日报》为代表的由传统党报探索市场化新生以后的主流报纸；三是以《南方周末》为代表的以舆论监督和理性分析见长从公共报纸或社会塑成型报纸转向而来的主流报纸；四是以《21 世纪经济报道》为代表的财经类主流报纸。

2003 年 11 月 11 日创刊的《新京报》备受瞩目。它的创刊是中国报业史上值得重彩浓墨予以记载的重大事件。《新京报》创造了几个第一："第一张得到正式批准的跨地区创办的报纸，第一张由两家党报集团联合主办的大型日报，第一张由中央级媒体和地方级媒体合作创办的报纸。"① 《新京报》是按照报业市场的运行机制推出的一张重要报纸，但它与一般的都市报的"气质"不同，突

① 罗以澄、吕尚彬著《盘整资源与激情释放——2003~2004 年中国传媒市场盘点》，《中国媒体发展研究报告》，武汉大学出版社，2005，第 8 页。

出社会责任和历史使命；它是一"亮剑"就宣称要做主流大报的综合日报。它的发刊词《责任感使我们出类拔萃》中写道："新京报至高无上的责任就是忠诚看护党、国家和人民的最高利益。新京报的口号是：'负责报道一切'。新京报致力于对报道的新闻负责，一切新闻和一切责任。有责任报道一切新闻，追求新闻的终极价值和普世价值；更有责任对报道的新闻负一切责任，包括政治责任、经济责任、文化责任和社会责任。"这是我国报业史上第一个宣称要成为主流大报的报纸，它不仅直接关注重大问题，还理性地帮助人们发现生活的内核，关注人们生活中并不留意却十分重要的细节。它的创刊号的社论首先直面2003年的重大社会问题《政府应直面SARS后问题》。范以锦在总结《新京报》的发展时，认为它的创新探索体现在三个方面：创新办报理念，定位于高端时政都市报；创新营销策略，用整合营销的方式塑造品牌形象；创新制度，探索建立新型报业治理结构。① 不过，《新京报》今天还很弱小，要成为货真价实的主流报纸，也还有极长的成长之路，如果它能够坚持下去的话。

第一家从传统党报向主流大报探索转型、再生的是《南方日报》。也是在2001年前后，"南方日报一班人向市场要数据、向读者要意见、向实践要答案，提出以'高度决定影响力'的理念再造《南方日报》。"② 2002年8月6日，《南方日报》开始21世纪的改版。第一次改版，以全新的思路，面向主流读者，选择主流新闻，打造华南地区权威主流政治经济媒体。通过市场调查确定，报纸的基本读者"是各级领导者、决策者，是各层管理者、投资者、经营者和研究者，是公务员、商人和专业人士"。③ 2003年8月6

① 范以锦著《南方报业战略》，南方日报出版社，2005，第91页。
② 范以锦著《南方报业战略》，南方日报出版社，2005，第180页。
③ 杨兴锋著《高度决定影响力》，南方日报出版社，2004，第1页。

日，第二次改版增加了投资证券、IT 通信、汽车、健康、成才及旅游六大专业周刊，更专业、更实用、更市场，进一步强化政经媒体的特色，培养有效的目标市场。2003 年 12 月 12 日，第三次改版实施梯次发展战略，增加珠三角新闻板块，强调做必读的民生新闻，更贴近都市，更贴近生活、贴近民生。三次改版之后，"社会影响力和市场竞争力得到了有效提升，新老读者普遍接受，各地同行深表赞许，发行量稳中有升，广告客户十分认同，广告实收额也逆势上扬。"① 2005 年 5 月 30 日，第四次改版突出了从新闻纸、信息纸向观念纸、思想纸的转型，从可读到必读、从易读到悦读的转型。至此，报纸完成了从传统党报到主流政经报纸的转型，从过去的方针政策的宣传者报纸成为"资讯管家、时事顾问、意见领袖"。

自从 20 世纪 90 年代初转型以后，《南方周末》大体上扮演了不完全的社会公共报纸或者社会塑成型报纸的角色。但在主流报纸的概念导入后不久，它即转向主流大报的打造。作为不完全的公共报纸，早在 1998 年，它就以"彰显爱心、维护正义、坚守良知、启迪思想、弘扬理性"为追求，成为覆盖全国的大型综合性周报。1999 年元旦，《南方周末》推出改版后的第一期，即元旦特刊，刊发了报纸的宣言："我们应该为 1999 年注入更多努力的汗水与合作的智慧，拆除樊篱，扫荡顽恶，如此方能告别尚有诸多黑暗的旧世纪，为新世纪和新的千年点燃第一盏灯火。"② 2001 年报纸进行版面刷新，"让无力者有力，让悲观者前行"的固有品质得到进一步彰显。它们不仅以客观、公正、真实的职业操守，一直关注中国社会的重大事件，而且在传递真实的同时，导入理性的思考和强烈的人文关怀意识，心存国脉与民瘼，以报道呼唤公正、唤起良知，时

① 杨兴锋著《高度决定影响力》，南方日报出版社，2004，第 1 页。
② 《南方周末·编者语》1999 年 1 月 1 日，第 777 期第 3 版。

刻警醒世人，"承担激浊扬清的社会责任，传播启蒙发聩的环宇新知。"[①] 经历过文化报道优势、舆论监督报道优势、时政报道优势等几个阶段之后，《南方周末》建立起较高的新闻公信力和品牌影响力，形成了它的报纸品牌内涵："其一，这是一份以记录13亿人口的大国转型历程的严肃大报。其二，这是一份以追求新闻人职业荣光而上下求索的严肃大报；其三，这是一份以中国知识分子千年不易的先忧后乐情怀为内在动力的严肃大报"。[②] 2001年以后，《南方周末》又进行了几次改版，实际是在解一道"三元方程"："这三个'元'：是否政策环境、是否符合市场需求、是否符合新闻人的理想且对得起大历史。"[③] 大体上是在2002年前后，《南方周末》发生了重要转型，从社会公共报纸转向主流大报。尽管如前所述，主流报纸也要恪守职业精神和专业主义理想，但它主要是面向社会高端人群的一种阶层媒介，公共报纸是以社会公器和超越社会阶层的公共利益表达作为安身立命的根本的。因此，《南方周末》的转型，对于报纸自身以及它所属的南方报业传媒集团来说，可能有自己的内在的及环境的依据，但从整个报纸演进与转型的角度来看，《南方周末》的转型表征着在阶层报纸与社会公共报纸博弈的过程中，阶层报纸的胜利。2002年3月，结束了中宣部整顿的《南方周末》实施新的改版，不但开拓京、沪、粤市场并加送"城市版"，而且减少了社会新闻报道数量，加强时政报道，尤其是以"中国的视野、中国的声音"积极发展国际题材的报道，在保持民间姿态的基础上，更多地从宏观上关注国计民生，高屋建瓴地分析重大事件，提出建设性意见。

2001年创刊的《21世纪经济报道》一开始即提出"与加入

---

① 《为了读者雪亮的眼睛》，《南方周末》2000年4月7日，第843期第1版。
② 范以锦著《南方报业战略》，南方日报出版社，2005，第58页。
③ 范以锦著《南方报业战略》，南方日报出版社，2005，第52页。

WTO 的中国一起成长"的品牌传播口号，确立了"新闻创造价值"的品牌理念，定位于"全国政府、企业与公共机构的高级管理人员、决策者、专业人员、研究者喜爱的高品质经济类媒体"。借鉴《华尔街日报》，在采编方面采取有效信息结合商业逻辑的模式，基本报道理念是"挖新闻就要挖到底"，打造高水准的财经新闻媒体。它注重刊载大量的建设性的、探讨行业规律和企业成长的信息，时常以连续性、追踪式的财经报道聚集读者的注意力。这份报纸虽然年轻，但"从每一个细节抓起，力争报纸一开始就与众不同"，而且几乎是在保持自己的品牌理念的基础上，年年调整，以适应市场。2002 年年底，根据财经类报纸市场需求与竞争环境的变化，由周刊改为一周两刊；2003 年对报纸形态、内容架构进行重大调整，增加了政经板块，强化评论板块；2004 年以来增加了多个新闻板块，同时以"全面提升品质"为目标，增加时效性较强的短新闻的比例，大力推广"新闻精细化运动"。这一系列的努力迅速取得效果，"在国内财经类报纸市场上获得了非凡的成功，迅速确立了经济类报纸的领导地位。盖洛普进行的市场调查显示，该报的发行量、影响力和阅读率等几项关键指标都稳居国内同类报纸第一位，成为名副其实的'中国最优秀财经报纸'"。①

需要指出的是，所谓主流报纸实质上也是一种阶层媒介。它是适应社会阶层分化而为社会的精英阶层提供信息、观点与交流平台的报纸，是此前各个阶段还没有出现过的一个报纸种群。主流报纸的诞生和发展，意味着报业市场的分化进入了一个新的阶段，形成了一种与中国社会精英群体的传媒控制和使用相一致的报纸种群，开始了社会高端阶层媒介的建构。它的问世，并不意味着中国报纸种群演进的结束，恰恰意味着一个更新阶段的开始。

---

① 范以锦著《南方报业战略》，南方日报出版社，2005，第 74 页。

中国报业转型发展的四大战略走向[*]

伴随我国融入全球化、数字化进程和社会转型、新闻改革的不断推进，民本化、产业化、数字化、国际化已经成为中国报业转型发展的四大战略走向。

一

民本化是指报业内容产品从过去的单一宣传工具向社会各阶层的信息传播工具以及公民社会的利益表达渠道转型的战略发展走向。

中国报业民本化战略发端于报纸作为单一宣传工具向大众传播媒介的初步转型回归。大体是在 20 世纪 80 年代改革开放的初期，随着社会改革"放权"与"分权"双重机制启动的共同作用，政府开始对报纸放权，并赋予其一定的经营和发行自主权，加之国民信息需要的迅速觉醒与释放，推动报纸内容从宣传灌输向信息传播的转型。其间，报纸回归新闻本位，开始追逐自己的目标读者，民本化战略走向由此逐步形成并格局初定。经过了 20 世纪 90 年代、21 世纪前 10 年的发展，民本化战略主导了报业内容生产和新闻报道的基本演进方向。这不仅仅表现在"受众本位"与"满足受众知情权"已经成为报纸新闻报道的基本理念，表现在由党报、晚

＊ 发表于《中国报业》2010 年第 3 期。

报、都市报、市场主流报等构成的多元报纸种群已经成为一种能够影响社会运行的重要公共力量，而且还表现在报纸新闻报道"平民化"倾向彰显并向"公民化"方向演进。民本化战略引导着报纸在与网络、电视等传媒的竞争与合作中，与中国社会一起转型、成长，并通过自己的成长推动着社会的进一步转型。

2008 年是报业民本化转型发展的重要节点。报媒与其他传媒在对南方抗击雪灾、汶川大地震、贵州瓮安事件、北京奥运会等一系列大悲、大喜、大忧的事件报道过程中，彰显新闻价值规律，坚定承担社会责任，释放影响社会的激情，获得了极大的话语权与极高的公信力。与此同时，《政府信息公开条例》于 2008 年 5 月 1 日正式实施，不仅从行政法规层面保障公民的知情权，也使包括报纸在内的传媒与政府的关系得到了初步的定位——政府与传媒不再是简单的控制与被控制关系，而开始逐步走向社会不同子系统之间的共生关系、工作关系和监督关系。这都为报业民本化发展战略的进一步展开提供了新的实践基础和制度资源。

经过三十余年的经济高速发展和社会转型，中国已经到了构建公民社会的一个新阶段。构建公民社会，才能够为中国的未来民主提供一个社会结构的基础。[1] 参与式民主政治和公民社会的构建，将是未来中国社会转型发展的主要走向之一。与其他传媒相比较，报纸参与公民社会构建，在倡导社会理性、维护社会良序、坚守社会良心、传播社会良知、传导社会良俗、推进社会民主进程方面优势独具。这是因为，报纸的特质并不在于它的"纸"，而在于其以文字符号操作为主的"报"；报纸的力量来自它报道的客观、真实和公正。即使到了网络互动传媒大行其道、媒介资源相对过剩的今

---

① 萧功秦著《重建公民社会：走向 21 世纪中国大转型新阶段》，《南方都市报》2010 年 1 月 10 日。

天，客观报道信息和处理信息依旧是报纸的强项。正是这一强项，使报纸能够以独到的视点，充分满足受众知情权，判断真实、揭示真相、守望公正。今后，民本化战略可能从以下四个方面促进报业发展。

第一，以促进公民社会构建作为新闻报道的高层框架。中国的公民社会正处于构建与发展的关键时期。然而，社会民间组织系统发育迟缓、国民的公民意识相对缺乏、国民与政府的关系尚未理顺等问题严重地制约着公民社会的构建。新闻报道以促进公民社会构建作为其报道高层框架，就要立足于促进民间组织的系统的发展，引导社会自组织能力的提升，强化公民的权利与义务意识，理顺国民与政府之间的主仆关系，从全面推进公民社会构建的总体指向上，去形成报道基模、设置报道议程、判断新闻价值，以表达公民心声、促进社会发展。

第二，新闻报道的内容层面，将从"以人为本，关注民生"的指向逐步扩展为对社会公正的守望，强化对社会公权力的监督，促进社会和解，防止社会溃败。在目前这个社会矛盾尖锐、突发性群体事件层出不穷的关键时期，尤其需要报纸的新闻报道"以人为本，关注民生"，充分发挥其"政府的监督者、混沌世界的探照灯"功能。首先要站在公民的角度对社会突发性事件开展客观报道。针对突发性群体事件，要深度解析社会结构与官民关系，透析事实本身，对问题的来龙去脉、前因后果、趋势方向进行客观报道，而不能站在一些有问题的地方领导的角度，去掩盖问题，打击公民。其次要代表社会各阶层公民，对社会公权力的行使进行有效监督，揭示公民"被民主""被幸福""被就业""被代表""被和谐"的事实真相。公权力是一个社会的核心资源，也是产生腐败的核心地带。"在经历三十多年的改革之后，市场经济的基本框架已经开始形成，但这个市场的自主性程度还是相当低的，而社会的发育则是更为滞后。在这种情况下,我们实际上面临着两种威胁:一是权力独大以及造成的滥用和失控;二是过分强大的权力与自主性程度较低的市场的畸形结合。如果这两种因素结合在一起,将导致社会的溃败"。① 作为社会生活探照灯与监视器的报纸,理应突破信息屏蔽,把一些社会深层问题纳入受众关注的视野与可解决的范围,促进社会问题的解决与社会和解、协商,引导社会良性发展,防止社会溃败。

第三,新闻报道的形态上凸显公民新闻。"公民新闻崛起,是2009 年中国媒体业的一道亮丽风景线,无论是杭州飙车案,还是央视大火,还是邓玉娇事件,都显示了公民新闻的逼人气势。"② 基于网络与博客、论坛等互动媒体而崛起的公民新闻,使公众从传统的报道活动中的被动参与,转变为自发地、主动地进行事实传播和观点表达。重视这种"互动新闻"或"参与式新闻",将使报纸更为尊重传播规律,更尊重受众感受,更关注公共议程。可以预料的是,伴随社会民主化进程与传媒融合大趋势的推进,代表民间草根传播力量和社会大众意见的公民新闻在社会公共领域的构建过程中,必将成为影响社会舆论走向和社会发展的重要力量;任何无视公民新闻的报纸将会加速其死亡。

第四,主流报纸与公共报纸将得到长足的发展。如果说前三十年报纸种群演进过程中,从党报的衰落、晚报的勃兴,到都市报的兴盛,再到今天的主流报纸、公共报纸的涌现,新的报纸种群大体上是在民本化转型战略走向上执着而坚韧地发展的话,那么主流报纸与公共报纸作为典型的适应公民社会需要的传媒,必将得到持续发展而成为社会的主导报纸种群。以《南方都市报》《北京青年

---

① 孙立平著《从政治整合到社会重建》,《瞭望》新闻周刊 2009 年 9 月 7 日。
② 笑蜀著《2009:谁引领新闻话语权》,《南方周末》2009 年 12 月 14 日。

报》《新京报》《成都商报》等为代表的一批都市类报纸的主流化转型，在一定程度上，正彰显着这一趋势；而以《南方周末》等为代表的一些公共类报纸，独树标高、卓尔不群，正凸显着中国报纸的职业理想、责任情怀与新闻专业主义的追求。

二

产业化就是报纸从单纯的文化、精神生产的事业单位沿着经营和理性的轨迹向企业状态过渡，成为市场主体的一种战略发展走向。

尽管产业化是整个中国传媒业的总体走向，但其发端却是从报业开始。以 1978 年财政部转批《人民日报》等首都 8 家新闻单位要求试行"事业单位、企业化管理"的报告为标志，我国传媒拉开了产业化的序幕。此后，报纸的产业化进程，一直引领中国传媒产业化发展的前沿。无论是 20 世纪 80 年代的自办发行、版面扩充、开办周末版、设立广告部门，还是 20 世纪 90 年代的集团化探索，抑或是 21 世纪第一个十年的传媒资本运作试水、经营与新闻主业的"两分开"改革，报纸产业化发展充当了中国传媒产业化进程的先锋。

2009 年是报纸产业化推进的重要历史节点。经历了探索、试点之后，新闻出版产业化战略开始在全国全面铺开。2009 年 4 月 6 日，国家新闻出版总署发布了《关于进一步推进新闻出版体制改革的指导意见》，这是一个指导今后若干年内新闻出版行业体制改革与产业化发展的"路线图"。《指导意见》出台的 4 月前后，《中国足球报》《市场报》《中华新闻报》等报纸先后停办或者退出市场，这标志着报纸产业化改革不再是"摸着石头过河"，而开始大规模挺进"深水区"。

从近年来报纸产业化进程本身来看，有一系列问题尚待解决。例如，尚未形成全国统一的报业或媒介大市场，没有建立真正的报业现代企业制度和规范的法人治理结构，没有形成资本运作的合理架构，由此衍生出传媒产业链不健全、产权结构单一、归属不清晰、资本运营不到位等问题。这些问题的解决，都依赖于传媒产业发展环境的优化和产业化战略的持续推进。有专家预测，我国传媒产业化进程将在2020年前后进入传媒业的企业化、市场化和集约化发展阶段，在2050年前后完成传媒整体产业化进程而达到一个全新的传媒产业发展阶段。实现这一产业化目标，还需要逐步释放许多体制、制度资源，让市场这只"看不见的手"来充分配置传媒资源。当然，首先要用够、用活《关于进一步推进新闻出版体制改革的指导意见》释放的推进新闻出版体制改革与报业产业化政策资源，把报纸产业化战略从以下几个方面持续推进。

其一，构建全国统一的报业与传媒大市场。《指导意见》强调，新闻出版体制改革的关键是巩固和推广已经取得的探索成果，实现"三分一转"。所谓"三分一转"，即政府和企业管办要分离，公益性和经营性出版单位在管理上要分类，采编业务和经营性业务要分开，改革的核心是转企改制。而实现"三分一转"的基础性工作，就是必须打破传统的媒介市场条块分割、地区封锁、城乡分离的格局，打破依据行政差序格局配置传媒资源的计划经济体制的残余，构建全国统一的报业与传媒大市场。构建这样的传媒大市场，既需要进行市场主体的培育、市场空间的拓展、市场规则的制定、市场规制体系的健全，又需要构建市场进入、退出及运行机制，搭建市场服务体系、市场中介支持系统，以形成良性的优胜劣汰市场机制。

其二，继续培育报业市场主体与产业集群。继续培育报业市场主体，组建跨媒体、跨区域的传媒企业及其产业集群，这是与传媒市场构建相配套的战略举措。培育报业市场主体，可以采取以下措施：一是对报媒去行政化，按照报业市场的要求，打破行政区划和地域壁垒，放开其内容经营与生产要素经营的限制；二是对已经建立的 49 家报业集团，进行资源重组、结构优化，让一些具有市场竞争力的晚报、都市报、市场化主流报轻装上阵，打破"小报养大报""儿子养老子"的行政利益集团运作模式；三是鼓励具有较强市场竞争力和品牌影响力的报媒进行市场扩张，让它们兼并、收购一部分经营不善或者缺乏核心竞争力的报纸，以优化资源配置；四是要切实落实报刊的市场进入和退出机制，关闭一部分生存主要依靠国家财政的报纸。只有这样，才能使之真正成为产权清晰、责任明确、独立享受权利并承担义务的市场主体和企业法人。与此同时，在珠三角、长三角、环渤海区、武汉城市圈等改革开放前沿地区和报业、传媒产业发达地区，组建多媒体、跨区域传媒集团，建立传媒产业园区，提升传媒业的产业集中度与规模，进而打造新闻传媒产业集群。

其三，持续推进传媒品牌建设，打造具有高公信力、大影响力的报媒品牌。经过三十多年的产业化试验和发展，我国的市场化报媒中，已经形成了一批成长性较好、有一定品牌影响力的报纸，但它们距离《纽约时报》《华尔街日报》《读卖新闻》等成熟报业品牌，在公信力、影响力、营销传播力等方面尚有较大的差距。持续推进报媒品牌建设，首先要鼓励一批恪守新闻专业主义理念的报媒坚守立场，以敏锐的发现力、鉴别力、判断力，以独到的思想、独家的观点、独特的视角、独立的报格，为目标读者提供专业、客观、理性的新闻和观念服务，并以高公信力为依托，构建自身的品牌价值核心理念和品牌个性；其次要引导报媒构建科学合理的品牌识别与传播体系，在与读者的互动过程中，积累品牌认知度、联想度、美誉度、忠诚度，提升品牌资产；再次要结合报媒的数字化发展战略，加强报媒品牌在全媒体品牌体验接点系统中的延伸；最后要推进报纸品牌的国际化发展，培育几个能够有效解读中国问题、开掘中国新闻资源、讲好"中国故事"的具有较大国际影响力的报纸品牌。

其四，继续推进报媒资本运营。目前，报媒上市的进程正在加快，已经建立的49家报业集团在完成经营性资产转型改革后都将逐渐被推向资本市场。全面推进报业资本运营，有几种重要趋势需要注意：一是要从过去的报媒子体运营转变为本体运营；二是报媒资本运作的范围要从增量传媒扩展到存量传媒；三是从单纯的上市融资发展为融资、投资和增资整体运营。

三

报业数字化强调的是报业适应人类社会生活的数字化趋势，促进其整体变革和产业升级，实现从纸媒向数字媒体存在状态转变的战略发展走向。

我国报纸数字化发展战略的起点，可以追溯到1987年《经济日报》运行华光Ⅲ型激光照排系统。1994年中国大陆正式与国际互联网链接，为报纸的数字化生存提供了网络基础。20世纪90年代后半期，大量的报纸开始自发与互联网"亲密接触"。到了2005年，报业强烈感受到新兴的网络传媒在读者注意力和广告资源等方面的分流威胁，国家新闻出版总署适时提出报纸出版业加快走向"数字报业"转型的战略构想。2006年8月，国家新闻出版总署发布《中国报纸出版业"十一五"发展规划纲要》，正式启动"数字报业发展战略"和"中国数字报业实验室"计划。从此，传统纸质出版向数字网络出版的转型，成为中国报业寻求新的生存制高点的自觉行动。

经过近五年的推进，我国数字报业战略已经取得初步的进展。报业内容生产集成平台与全媒体多通道数字出版系统的建设、报业内容多媒体接触终端的开发、运营模式的电子商务化拓展等取得了一定的实绩，但还有不少问题。例如，报社组织的结构转型尚需推进，以融合新闻为主要产品形态的内容生产价值链尚需构建，全媒体接触终端系统尚需一体化整合，一些技术壁垒、法规壁垒、管理壁垒尚未突破等。另外，互联网络等融合型媒介的强劲发展还持续挤压着报业的生存空间。截至 2009 年 12 月 30 日，中国网民达到 3.84 亿人，互联网络普及率达到 28.9%，手机网民达到 2.33 亿人；网络新闻使用率为 80.1%，用户规模达到 3.0769 亿人，年增幅 31.5%。[①] 报业生态环境的剧烈变化，进一步加大了推进报业数字化转型的紧迫性。报业数字化战略进程还需要从以下四个方面向纵深推进。

第一，报社组织结构的转型。有学者预测传媒组织结构变革趋势时指出："扁平化、大跨度横向一体化、虚拟化、柔性化和注重团队建设是未来传媒组织的演变方向。"[②] 顺应数字化发展的要求，我国的报社组织也正在向这一方面转型。在扁平化、大跨度横向一体化新型传媒组织结构类型中，报业组织结构将由内容中心、技术中心、运营中心三大平台构成。其中，内容中心负责整个企业的内容原创采集、加工聚合、分配应用；技术中心负责整个企业组织系统的硬件和软件技术维护和升级，维护三大中心的正常有效运作，保障新闻内容的生产、配置和传播的顺利开展；运营中心是决定报社内容生产发展全局的核心部门，也是统领内容中心和技术中心的战略指挥部。

---

① 中国互联网络信息中心：《第 25 次中国互联网络发展统计报告》，http://www.cnnic.net.cn，2010 年 1 月 15 日。

② 屠忠俊主编《现代传媒业经营管理》，华中科技大学出版社，2007，第 312 页。

第二，融合新闻将成为数字报业重构产业价值链的利器。融合新闻也叫多样化新闻，也就是以数字化为方向和纽带聚合并能够通过计算机、通信、个人电子设备等多样化终端自由分配与接触的新闻样态。融合新闻不仅从新闻信息的发现、鉴别、转换、整合、展示和增值六个基本环节适应数字技术的要求，更重要的是它在新的终端介质上能够实现听、读、看、写、说、录等手段的自由选择和组合，使新闻传播更加自由、更加个性化、更加互动化。伴随着数字报业传播网络融合与接触终端融合的推进，传统纸媒传播渠道和数字新媒体传播渠道之间的樊篱被彻底打破，融合新闻产品将成为转型后的报社组织进行内容产品开发的主要形态，作为重构新闻的原创、生产、应用产业价值链的支撑优势，实现对产业价值链的"内容拥有"和"终端占有"两大端口的拓展。

第三，新闻传播接触终端的全媒体化。目前"小荷才露尖尖角"的全媒体传播系统，是新闻传播终端融合的基本走向。全媒体化的实质是一种业务运作的整体模式与策略，即基于网络新技术而运用所有媒体手段和平台来汇流、整合构建全新的新闻传播与接触系统平台。无论是电子阅读器、数字电视、直播卫星电视、网络视频、车载电视、楼宇视频和户外屏幕，还是手机电视、手机电台、手机报纸、网上即时通讯群组、虚拟社区、博客、播客、搜索引擎、简易聚合、门户网站，基于电信网、广电网、互联网而运行的各类受众接触终端，通过报社组织内容生产中心的全媒体多通道数字出版系统或者内容集成平台，就可以实现新闻信息聚合与互动、分配，为受众提供多媒体、多样化、多层次的接触体验终端。我们很难预测报业"纸"的完全衰退是在哪个时点，但融合新闻传播接触终端的全媒体化已然呈现为加速度发展态势。尤其是伴随着一系列管理壁垒、技术壁垒、政策壁垒的渐次突破，归属于不同服务领域的电信网、广电网、互联网的融合逐步完成以后，一个真正意义上的全媒体新闻传播接触终端系统必将形成。

第四，突破技术、政策、管理的壁垒，构建数字报业规制机制。推进报业数字化战略进程，可能遭遇市场需要的技术研发能力的短缺、同类产品的多个技术标准难以兼容等技术壁垒，也可能遭遇原有报业政策、传媒法规在数字报业领域的滞后等政策法规壁垒，还可能遭遇不同媒介领域的版权壁垒、管理壁垒。对这些壁垒的突破，将是数字报业发展的重要走向。克服技术壁垒，除了相关传媒集团加大技术投入、开发或引进新的技术手段之外，政府要大力支持、发展行业中介协会，通过民间中介组织或机构，进行有效的协调，尽快形成统一的技术标准和协议。突破政策法律壁垒、管理壁垒、版权壁垒，首先需要政府整合目前数字报业发展所涉及的电信、新闻传媒、网络等多头监管机构，形成全国统一的数字传媒监管机构。设立统一的数字传媒监管机构之后，可以从机构设置、法规制定、管理规制等方面，形成系统的适应媒介融合规律和要求的产业管理与规制机制。当然，这种新的规制机制，既要兼顾对于数字报业的有效管理，又要兼顾对传播组织和公民传播者自由权利的平衡保护，还要兼顾到对新闻事实的核查和客观、真实传播的保障。

四

国际化是中国报业在全球化视野中、在与他国传媒的交流互动过程中创新发展的战略走向。报业国际化战略，尽管在总体上看，是内国际化与外国际化兼顾实施、双向促进，但在不同的阶段，经历了一个先内后外的过程。所谓内国际化强调的是在对外开放的过程中，国外报业运行的理论和实践资源"走进来"的趋势；所谓外国际化突出的是国内的报业"走出去"的发展趋势。

报业内国际化开始于20世纪90年代初期。当时最早吸纳外资的《深星时报》是报纸内国际化的滥觞。此后，报业内国际化大体上从四个方面开展：一是学习、吸收外报的业务运作和经营管理。无论是作为报业运行共同规律的新闻专业主义理念的引进，还是媒介产业经营管理的经验与惯例的导入，都促进了报业的快速发展。中国成长性较好的一部分市场化报纸，都有自己的学习对象。二是发行和广告吸纳外资。2001年之后，伴随着WTO承诺的逐步兑现，政府允许一部分外资公司，如贝塔斯曼、朗文培生、麦格劳希尔等公司介入书报刊发行市场，允许实力媒体、传立媒体、博睿传播等媒介购买公司在华开展业务。尤其是2004年12月，北京青年报社控股的北青传媒股份有限公司成功在香港上市，成为在境外吸纳发展资本的"中国报业第一股"和报业资本运作的标志性事件。2008年9月，由安徽日报报业集团与南非米拉德传媒集团联合组建的新安传媒有限公司在合肥正式挂牌成立。这是近年中国报业实施国际化战略的一个重要突破。三是部分境外报刊在华有限发行。迄今为止，在中国大陆发行的外报，已达数十种，国外或境外的重要报纸如《纽约时报》《华盛顿邮报》《华尔街日报》《泰晤士报》《读卖新闻》《南华早报》《中国时报》等都已进入大陆的涉外宾馆、高等学校、金融机构。四是部分境外报刊在大陆设立采编机构或办事处。已经进入大陆的外报、外刊，几乎都在北京、上海、广州等地设立有采编或经营的分支机构。

中国报业的外国际化则主要是从加入WTO之后开始的，主要着眼点是产品的输出。自从2003年6月羊城晚报报业集团的《澳洲新快报》在澳大利亚悉尼正式出版发行，成为中国报纸进军海外的标志性事件之后，中国报纸开始扩大参与国际竞争的力度与范围。2004年11月，包括《新民晚报》在内的中国内地有较大影响的首批6家报纸，加入世界中文报业协会，并且开始发行海外版。

但从总体上看，在报业国际化战略实施过程中，内国际化多于外国际化、被动国际化大于主动国际化。我国报纸的海外版除了在当地华人社会有一些市场之外，并没有成为发达国家主流社会读者的日常新闻读物。在目前的国际舆论场中，"中国声音"还十分弱小，国际话语权还有待提升和扩大。2009年是中国报业国际化发展的重要节点。2009年7月1日，《人民日报》不仅从每天出版16版扩大到20版，而且在全球成立72个分社。这一打造"走出去"党报国家队的举措，为持续推进报业的国际化战略注入了强劲的动力。目前，进一步推进报业国际化发展战略，可能还需要采取以下对策。

其一，更新对外新闻传播理念，推动报媒参与国际话语权的竞争。更新对外新闻传播观念，一是要转变新闻管理观念，对外依法开放新闻源。2008年5月汶川大地震和8月北京奥运会期间，初步地对外开放了新闻源，并增加了国内媒体新闻报道的透明度与客观性，我国国家形象美誉度和媒体的公信力、影响力陡然上升。这说明，新闻管理观念从传统的新闻控制向依法开放新闻源、保障新闻媒体客观真实报道转型，这是我国积极参与国际话语权竞争的制度前提。二是要转变对外宣传观念为全球新闻传播观念。对外新闻传播的政策要在坚持国家利益第一的前提下，遵循新闻传播的专业规律，适度授权，并支持对外传播报媒从办报理念、市场定位、新闻操作程序与手法、经营方式等方面，根据国际传媒市场规律来运作。

其二，抓住机遇，传播中国国家形象。中国报媒切实承担好传播中国国家形象的责任，需要从内容生产方面采取如下相应的举措：要有全球的视野和战略的眼光，对于国际国内重大新闻事件勇于发出客观、公正、深刻、独到的"中国声音"，追求中国立场的"国际表达"；对西方主流传媒的涉华不实报道，要给予理智、可信的回应；对国内新闻事件，尤其是社会公共危机事件的报道，要具有公开及时性与透明度，不给政府帮倒忙；新闻事件与观点的表达上，要摒弃"宣传腔"，摒弃官话、套话、假话、空话、废话，用符合国际目标受众新闻接触习惯的话语，讲述真实的、发展的、负责任的中国的故事。

其三，支持部分在已经实施了"走出去"战略，或者在国际上有一定的公信力的市场化报纸尽快成长为高公信力、强影响力的国际主流传媒。国家打造对外新闻传播平台的巨额投资计划，还应该向一部分抢先一步登陆欧美的市场化媒体倾斜。既要扶持《人民日报》，也要扶持《南方周末》《新民晚报》《今晚报》等已经具有一定的国际市场运作基础和经验，在欧美的华人华侨读者群体中间形成了一定的公信力、知名度和影响力的报媒，帮助它们尽快成长为中国本土产生的国际主流报媒。

其四，采取多种市场策略，创新报媒海外拓展路径。创新报媒的海外市场拓展路径，其中的主要策略包括：一是实体合资策略，即通过本土报社组织与海外出版商、投资商、传媒共同投资、创建合资的新媒体机构；二是资本并购策略，即支持本土企业资本输出，在欧美传媒市场收购一些具有国际话语权的优质纸媒或其他媒体；三是品牌溢出策略，即支持国内的强势报媒集团与西方传媒市场建立某种关联性，例如与国际知名传媒建立战略合作伙伴关系，提升我国传媒品牌的影响力；四是渠道深度拓展策略，即主动建立具有独立产权关系或者资本契约关系的传媒市场渠道，从而逐渐建立起自主、开放、可控的报媒国际市场渠道；五是资源占领策略，即支持报媒在海外建立战略基地或数字技术研发中心，为未来收购海外优质传媒资源做准备；六是版权交换策略，即扶持部分优质传媒与国外强势传媒建立版权交换关系，通过包括新闻产品在内的版权交换，提升我国报媒的国际话语影响力。

其五，学习发达国家的报媒市场运作的经验，促进数字报业传播渠道与接触终端的海外拓展。尽管中国报业数字化的起步与发达国家几乎同步，但发达国家的报业市场运作经验丰富，对于融合产业进行管理规制的机制比较健全，电子阅读器等数字报纸终端接触技术开发比较先进。这些都需要中国报业引进、学习。另外，数字报业的市场空间是全球性的，这为中国强势报业组织在媒体渠道与接触终端的海外拓展提供了基础条件。传媒组织要探索突破传播网络与终端系统接轨的技术、管理等方面的壁垒，与发达国家的数字媒体渠道与接触终端拥有者实施战略合作，开拓境外合作网络和终端系统，构建新型的外向型、数字化办报模式和经营模式。

报业的民本化、产业化、数字化、国际化四大战略走向正聚集着国家新闻改革的体制资源、政策资源、财政资源以及社会的人才资源。通过这四个战略走向的深度推进，中国报业将凤凰涅槃、脱胎换骨，实现产业的升级换代和再生，成为引领中国社会持续转型与良性发展的观念引擎和探照灯。

都市类报纸主流化转型的
路径、误区及对策[*]

主流化转型已经成为都市类报纸克服同质化、低俗化倾向突围发展的一种重要走向。尤其是在最近几年，一批发展态势较好的都市类报纸掀起了主流化转型潮流，将这一走向张大成为市场化报纸最具活力的发展战略走向之一。但在实际运作中，对转型的路径把握则出现了种种偏差，导致都市类报纸的主流化转型开始不同程度地陷入一些误区。本文分析都市类报纸主流化转型的路径及其误区，并且提出解决问题的对策思路。

一

都市类报纸作为一种市民生活报，其所谓主流化转型是从报业市场的一种大众化报纸种群形态演化成为高级报纸种群形态。这犹如一个社会下层人士要转型成为上流绅士一样，不可能通过自然演化完成，而必须经历一个艰难的整体突变、涅槃重生的过程。都市类报纸主流化转型的路径就是按照主流报纸的特质实施整体突变，适应高端读者市场的要求，脱离原生态都市报的市民报模式，构建"不偏不倚、无私无畏"的大报风范。根据主流化报纸的内在特质与目前中国报业发展的战略空间，都市类报纸主

　　* 发表于《武汉大学学报》（人文科学版）2011 年第 4 期。本文第二作者是博士生车蒙娜。

流化转型的整体突变路径包括以下从办报理念到经营模式的"五个转向"。

其一，办报理念从娱乐、煽情新闻和服务信息传播转向高品质新闻立报。都市类报纸的办报理念是娱乐、煽情新闻和服务信息传播。例如，《楚天都市报》的创刊者杨卫平就曾骄傲地称"自己是商人办报，并且强调，我是商人"。[①]《成都商报》的创刊者何华章认为："没办过报，这给了我们想象的空间，无非是做一个东西，让人家来买嘛。"[②] 原生态都市类报纸的办报理念大体如此。但主流报纸的办报理念，与此明显不同。它们是职业新闻人办报，以普世价值观念的实现和读者的知情权满足为己任，履行社会公器职能，张扬新闻职业精神和专业主义理想，生产高品质新闻，追求报道的客观、真实、平衡。阿道夫·S. 奥克斯 1896 年收购《纽约时报》时，就坚决反对任何形式的所谓通俗化特色，拒绝刊登玩弄"噱头"的消息和连环画，抨击黄色新闻记者，并且以"本报不会污染早餐桌布"的口号作为广告语阐明该报的高品位卖点，以专业主义理想作为办报理念："《纽约时报》要用一种简明动人的方式，提供所有的新闻，用文明社会中慎用有礼的语言，来提供所有的新闻；即使不能比其他可靠媒介更快提供新闻，也要一样快；要不偏不倚、无私无畏地提供新闻，无论涉及什么政党、派别或利益；要使《纽约时报》的各栏成为探讨一切与公众有关的重大问题的论坛，并为此目的而邀请各种不同见解的人参加讨论"。[③] 生产高品质的新闻，就意味着以"理性观察、建设性视角为出发点，来报道新闻，不冲动、不破坏、不媚俗、不虚伪、不偏激、不炒作、不盲从、不骄傲，以务实、开放、求证的心态冷静观察社会走

---

① 刘勇：《媒体中国》，四川人民出版社，2000，第 228 页。
② 刘勇：《媒体中国》，四川人民出版社，2000，第 242 页。
③ 〔美〕迈克尔·埃默里等著《美国新闻史》，展江等译，新华出版社，2001，第 273 页。

势，以建设性的视角来报道一切值得报道的新闻"。(《纽约时报》
刊首语)

其二，目标读者从普通市民转向社会主流人群。都市类报纸的读者定位侧重于一般意义的市民，正所谓"急市民之所需，想市民之所想，市民需要什么，我们就报道什么"。[①] 而主流报纸的目标读者是社会高端读者。社会成员中的一批中上层社会成员或者社会精英阶层，例如领导者、决策者、管理者、投资者、经营者、公务员、高级商人、高级专业人士等，他们是社会的"核心动力群体"，对其他层面产生巨大的社会影响力。他们在社会传播活动中，处于传播者或意见领袖的地位；在日常社会生活中，是社会生活方式的引导者、优雅生活的享受者和时尚消费的策源地；在特定的社会领域，拥有知识、经济、政治、资本、权力的话语权；在社会的价值观层面，是社会价值观念的稳定器。主流报纸的读者定位必须针对这样的"主流社会人群"。

其三，新闻报道从商业化生产转向专业化生产。都市类报纸的新闻生产模式大体上是一种商业化模式；主流报纸的新闻生产模式则是一种专业化模式。尽管两种模式都注重受众规模，但依据新闻逻辑运行的专业化生产模式重视认为内容重要的这部分受众的规模，而依据市场逻辑运行的新闻商业化生产的模式却重视与广告商的目标消费群体重合度较高的"有效受众"。两种新闻生产模式具有明显差异：（1）市场逻辑要求报道的倾向性有利于媒介企业、广告商、母公司和投资者，与之相反，新闻逻辑则要求报道中的倾向性应当尽可能少，要客观报道；（2）新闻逻辑的生产模式没有包含"成本""出资"等要素，而市场逻辑的生产模式中涉及"成本"和"出资"，还有一条没有明确提到成本，

---

① 席文举：《报纸策划艺术》，中国社会科学出版社，2000，第15页。

但是在"损害"中暗含了这个概念。[①] 都市类报纸的新闻报道模式从商业化转向专业化，并不仅仅是调整新闻报道的类型，重视时政新闻、财经新闻而压缩社会新闻、娱乐新闻这么简单，更需要在新闻信息的开发与处理上，以"一种俯仰天地的境界、一种悲天悯人的情怀、一种大彻大悟的智慧"直面社会发展进程的问题，持之以恒地揭示推动社会发展变化的深层因素，如实地客观报道与冷静地观察分析相结合，挖掘专属资源，满足主流读者的需要。

其四，读者接点从单一纸媒转向多媒体接触终端。网络及数字传媒的蓬勃发展正肆无忌惮地挤压着传统报纸的生存空间。截至2009年12月30日，中国网民规模已经达到3.84亿人，互联网络普及率达到28.9%，手机网民达到2.33亿人；网络新闻使用率为80.1%，用户规模达到3.0769亿人，年增幅31.5%。[②] 传统纸报的读者正在逐步流失，"纸"的衰退与"报"的形态数字多媒体转型已经成为不可逆转的媒介融合大趋势之一。因此，谋求主流化转型的都市类报纸，还必须叠加进行数字化转型，使报纸的读者接触点从传统的纸媒转型为多媒体的、便于读者即时即地互动体验的接触终端。

其五，市场经营模式的基点从受众规模支撑转向品牌资产积累。都市类报纸的市场推广模式重视对于规模受众注意力资源的二次售卖。自从1833年本杰明·戴伊的《纽约太阳报》开创了这一便士报的经营模式之后，一直到今天我国的都市类报纸，大体上都是按照这一模式展开经营。而主流报纸的经营模式稍有不同，它注重以高公信力的新闻、高质量的观点吸聚社会影响力大的那些具有

---

① 〔美〕约翰·H. 麦克马那斯：《市场新闻业》，张磊译，新华出版社，2004，第131页。
② 中国互联网信息中心：《第25次中国互联网发展统计报告》，http：//www. cnnic. net. cn/。

决策话语权、知识话语权、消费话语权的受众，进而完成品牌形象的构筑与品牌资产积累、提升。以此为基点，主流报纸实现发行成本回收，获得巨大的广告收益。

二

都市报主流化转型的误区，指的是正处于转型过程中的都市类报纸不同程度地偏离转型路径以后可能导致其非主流化、伪主流化，或者形成主流化瑕疵而影响其品牌形象的几种情况。都市类报纸主流化转型的误区主要有：观念误导、概念营销、逆向转型、不当操作等方面。

第一，观念误导。自从主流报纸、主流媒体的概念在 2000 年前后导入我国以来，何谓主流报纸或主流媒体？一直莫衷一是。有人依据主导意识形态宣传的需要认为，党报是以党政机关和中高级知识分子为读者群，就是主流报纸；有人根据媒介行政级别的不同认为，主流媒体是相对于非主流媒体而言的，影响力大、起主导作用、能够代表或左右舆论的省级以上媒体，其主要是指中央、各省市区党委机关报和中央、各省市区广播电台、电视台，以及其他一些大报大台；有人从执政党思想话语权指导的角度认为，主流媒体不仅是对受众份额的占有，更不是硬性的订阅，而是富有对受众思想的引领，以权威性承担指导受众思考方向的职责，受到社会主导阶层的关注，社会主流每天必阅的媒体；凡此种种，不一而足。这些观念误区影响着主流报纸的发展和都市类报纸的主流化转型，导致一些超市场生存的报纸，或者行政级别较高但影响力日趋下降的报纸自封为主流报纸。世界报业领域的一部分高级报纸的发展演进历史已经证明，主流报纸不是一个数量的概念，并不是说发行量大的报纸，就是主流报纸，尽管主流报纸以其影响力之巨大，必然会有较大的覆盖域和发行量；主流报纸也不是一个媒体形式的概念，已经成为一定社会主要媒体样式的报纸不一定就是主流报纸；主流报纸更不是一个党报种群的概念，没有经过市场选择和竞争的报纸，或者超市场生存的报纸，也不是主流报纸。作为一个报纸种群，主流报纸是一个报业市场的概念，它是在报业竞争中形成的必须关注社会发展的主流问题，成为社会主流人群所倚重的资讯来源和思想来源的高端报纸，它是传播面广、影响力大、公信度高、社会效益和经济效益都好的报纸。这样的报纸既不是自封的，也不是由行政机关或者宣传机关他封的，而是在报业市场的竞争洗礼中脱颖而出的。

第二，概念营销。这里指的是一些都市类报纸，以主流报之名行都市报之实，把主流报作为自身低端产品推广的说辞，高端宣传，低端操作。尽管报纸的销售说辞可能也定位在"主流生活驱动力"或者"报道一切新闻"，但依旧是按照商业化新闻生产的模式和一般市民的阅读习惯来实施新闻传播。不仅主要的新闻产品局限于社会新闻、娱乐新闻、体育新闻、民生消费新闻等类型，版面上天天充斥着"两车相撞，红杏出墙，明星绯闻，贪官被捉，工人下岗"之类的吸引眼球的东西，而且报纸的评论专版或者个论专版也往往就一些远离社会主要焦点的鸡毛蒜皮的话题发一些不疼不痒的空泛议论。这种"概念营销"的误区，实质上是一种都市报发展的后向路径依赖。如果说，报纸种群的发展谱系可以被描述成为一种晚报、都市报、主流报相继诞生的历史序列的话，那么社会阶层结构雏形的显现和报业市场的发展对于主流报纸的期待，给予了市场新进入者创办新型主流报的选择机会（例如《新京报》《21世纪经济报道》等就抓住了这一机会），当然也给了都市类报转型成为主流报纸的机遇。但是，都市类报纸的主流化转型是有极大风险的。一旦改变了都市类报纸发展所依赖的路径，则可能会导致报社组织付出巨大的"沉没成本"。因此，一些都市类报纸实际操作过程中试图规避风险，依赖原生态都市报的生存路径，既想获得主流报纸的市场影响又不愿意放弃都市类报纸的"锁定"利益，在提升报格与追求"卖点"中妥协，在赢得高端读者与适应市民大众之间妥协，在新闻传播的告知功能与服务、娱乐功能上的妥协，以主流报之名行都市报之实，形成了一些不伦不类的"都市报"或"主流报"。

第三，逆向转型。这是指一些都市报在主流化转型的过程中，有转向第二党报的趋势。这些报纸追求走高转型发展线路方向是有道理的，但在实际内容操作过程中，并不是按照新闻专业化模式"做新闻"，而是回归到新闻宣传生产老路。它们重视对于符合宣传主旋律要求或者意识形态主导价值观念的事件，大肆进行报道策划，把时政新闻做成宣传产品、民生新闻做成掩盖社会问题的成就报道；把报纸的评论做成简单政策解读或者配合地方党委中心工作的传声筒。另外，其批评性报道难觅踪影，舆论监督和社会环境监视的功能弱化，除了天灾、车祸、犯罪事件之外，一些层出不穷的严重社会问题，甚至是产生了极为恶劣的社会影响的"人祸"并没有进入这些报纸的版面，更不能奢谈让这样的报纸能够"深刻地关注和记录社会上正在发生和形成的历史"。这样的转型属于逆向转型。按照中国当代报业种群演进的逻辑线索来看，如果说晚报的崛起是对党报种群的超越，都市报的诞生则是对晚报的超越，主流报纸的发展又是对都市报的超越的话，那么用传统党报的新闻生产的宣传模式来办都市报，很难说是一种进步的转型。尽管由于传播制度变革的滞后导致目前还难以从法律上充分保障媒体的采访报道自由权利和受众的知情权利的完全实现，但新闻人绝不能追求都市类报纸的逆向转型，否则既是对报纸的不负责任，更是对受众的愚弄。

第四，不当操作。这指的是一部分都市类报纸主流化转型的路径大体上是正确的，但在具体运行操作过程中，又可能存在种种缺陷，譬如，读者定位青少年化、品牌传播随意化、广告传播低俗化等。读者定位青少年化，这是一部分都市类报纸应对网络传媒的蓬勃发展而导致读者流失的策略之一。基于互联网络平台而形成的新闻网站、博客等新型数字传媒已经成为影响力巨大的新闻传媒，而且网络新闻传播过程中的即时反应、互相纠偏、复合印证以及结构性的信息提纯能力极大地提升了网络新闻的真实性、公信力。因此，纸媒等传统媒体的读者持续急剧流失。在这样的背景下，一部分报纸重新定位其读者群体，希冀抓住青少年，成为他们的主要信息来源和观点、资讯倚重媒介。但是，对于正在实施主流化转型的都市类报纸，则需要三思而后行。即使是面对一个具有百万大学生的潜在市场，可以持续细分市场，开发出以他们为目标读者的报纸或媒介产品，但决不能简单地把报纸调整为既可以面向大学生又可以面向高端读者的报纸。作为未来社会主流人群的大学生和现实的主流人群之间的信息需要、媒介接触习惯差别十分巨大，并不存在一个既能满足青少年大学生又能满足高端读者的主流报纸。品牌传播的随意化，这是指一些主流化转型态势比较良好的报纸，也可能存在品牌传播与市场推广的瑕疵。例如，南方某报近年来一直引领都市类报纸主流化转型的前沿，而它的品牌传播随意化问题也比较突出，其品牌传播口号年年变化，带给受众的感觉是品牌形象"善变""随意"和"不稳定"。这固然对于创品牌期的报纸调整市场定位而言或许不可避免，但不是主流报纸持续提升品牌知名度、美誉度、联想度和忠诚度的传播正途。广告传播的新闻化、低俗化，指涉的是以新闻报道的方式操作软广告，或者刊登一些虚假、低俗的广告。这一直是都市类报纸的痼疾。部分实施主流化转型战略的都市类报纸并没有因此而改弦更张。

三

这些误区的存在已经成为制约都市类报纸成功实施主流化转型的关键。而要克服误区，需要从都市类报纸主流化转型路径的不同方面，采取有针对性的对策。

对策一：承担社会责任，设定办报理念。主流报纸影响力根源于其以新闻专业主义态度，勇于担当社会责任，深刻地关注和记录社会上正在发生的和形成的历史。它们的办报理念或者品牌核心价值观念，能够展示出报纸基于推动社会的进步、文明的进化、历史的发展而承担的社会公器的使命。例如日本《读卖新闻》的办报信条如是说："读卖新闻倡导有责任感的自由。在尊重个人尊严和基本人权的基础上，追求人性主义的目标。立足国际主义，为日本和世界的和平与繁荣做出贡献。通过真实公正的报道和有勇气肯担当的言论来回报读者的信赖。"《华盛顿邮报》办报原则又突出了自身揭示社会真相的使命："报纸的第一使命是说明真相，说明经过调查证实的全部真相。因此，本报将尽量告诉全体人民有关美国与世界的重要事件的真相。"[①] 作为中国成长性较好的主流报纸的《新京报》在其发刊词中写道："责任感总使一些人出类拔萃！新京报至高无上的责任就是忠诚看护党、国家和人民的最高利益。新京报的口号是：'负责报道一切'。新京报致力于对报道的新闻负责，一切新闻和一切责任。有责任报道一切新闻，追求新闻的终极价值和普世价值；更有责任对报道的新闻负一切责任，包括政治责任、经济责任、文化责任和社会责任。"[②] 在今天，中国社会整体

---

① 转引自郑超然等著《外国新闻传播史》，中国人民大学出版社，2000，第354页。
② 程益中：《责任感使我们出类拔萃》，《新京报·发刊词》2003年11月11日。

的转型发展，尤其是公民社会的构建，要求社会大系统的各个构成部分，都必须发挥自身的功能，承担自身的责任，以促进社会有机体的有序、健康运作。其中，作为社会信息传播系统的传媒业更是担当着独特的、不可替代的社会责任。概而言之，传媒业的社会责任，主要体现在：维护社会良序，推进民主法治；坚守社会良心，扩展社会公平正义；传播社会良知，推进启蒙协商；传导社会"良俗"，倡导诚信友爱。以新闻专业主义的态度来承担这些责任，正是主流报纸设定其办报理念的重要基础。

对策二：目标读者锁定社会主流人群。"媒体，尤其是试图成为最具社会影响力或特定领域影响力的主流媒体，保持其主流地位的秘诀就在于'随动'——伴随着这一主流社会人群的转移而转移自己的目标受众定位，成为服务于现阶段社会或某一特定领域内主流人群的传播媒介，成为他们所倚重的基本资讯来源。"[①] 经过三十余年的社会转型，我国新的社会阶层结构雏形已经显现。根据国民所拥有的组织资源、经济资源、文化资源的不同，"一个包括十大新社会阶层的新的社会阶层结构逐步形成，这十大社会阶层是：国家与社会管理者阶层、私营企业主阶层、经理人员阶层、专业技术人员阶层、办事人员阶层、个体工商户阶层、商业服务业人员、产业工人阶层、农业劳动者阶层和无业失业半失业人员阶层。"[②] 虽然社会阶层的形成、分化、解组、重新整合仍然在进行过程之中，但"中国社会已分化为十大社会阶层，凡是现代化社会的基本构成分都已具备，现代化的社会阶层位序已经确立，一个现代化社会阶层结构已经在中国形成"。[③] 而在上述十大阶层之中的"国家与社会管理者阶层""经理人员阶层""私营企业主阶

---

① 喻国明：《解析传媒变局》，南方日报出版社，2002，第20页。
② 陆学艺主编《当代中国社会结构》，社会科学文献出版社，2010，第394页。
③ 陆学艺主编《当代中国社会阶层研究报告》，社会科学文献出版社，2010，第5页。

层""专业技术人员阶层"等大体上成为社会结构的中上层，也就是一般而言的主流阶层，或者叫社会的"核心动力人群"。社会主流阶层的形成，为主流报纸的发展提供了实施市场细分战略、锁定目标消费群体的基础和前提。

对策三：注重真实、客观报道与理性、建设性观察分析相结合，提升报纸的公信力。真实、客观报道与理性、建设性观察分析是主流报纸内容核心竞争力、影响力和公信力的来源。首先，要充分运用科学的媒介市场调查与分析的工具了解读者、研究读者，准确把握目标消费群体信息需求。对消费者的研究，既要研究其信息需求的具体内容，找到目标消费群体的优势需要和专属资源，又要研究他们信息消费的方式和阅读方式，以便报纸的内容和形式与读者契合。其次，根据目标读者的信息需要，及时地、客观地、平衡地报道新闻事实，深刻地关注和记录社会上正在发生和形成的历史。这是不言而喻的。对日本的《读卖新闻》《朝日新闻》等主流大报深有研究的中马清福写道："信息爆炸的社会，对准确地、迅速地判断什么是真实的，应该选择什么等提出了很高的要求，报纸的责任就是要通过正确而公正的报道、负责任的评论来回应社会的这种要求，履行公共的、文化的使命。"[1] 不过，媒介融合时代的传媒不可能再握有对信息的垄断权，所能依靠的只能是自己独家的判断视角、标准和方法，是独家的判断能力，是对新闻事实进行处理后发现的价值与意义。所谓"独家视点"在更高层面上意味着主流报纸能够提出和形成一个深刻回答社会主流问题的"问题单"。在目前这个社会矛盾尖锐、突发性群体事件层出不穷的关键时期，尤其需要主流报纸突破信息屏蔽，守望社会公正，把一些社会深层问题纳入受众关注的视野与可解决的范围，促进社会问题的

---

① 〔日〕中马清福：《报业的活路》，崔保国等译，清华大学出版社，2005，第63页。

解决与社会和解、协商，引导社会良性发展，防止社会溃败。最后，要体现出深层关怀和价值判断。主流报纸并不仅仅关注社会表层的政治、经济与文化，体现出人文关怀，还要找到并关注推动和导致社会发展变革的深层原动因素，并把它作为自己的专有资源，根据目标消费群体的需要，进行深层开发。同时以专业的视角、分析工具与方法为受众整合、梳理信息，为人们提供冷静而有序的新闻实施价值判断。[①] 无论是国外的主流报纸，还是国内的主流媒体，他们的影响力和公信力主要来自其客观报道和理性分析，来自其对社会发展问题的深刻洞察和充分揭示。为中国新闻界树立风向标的《南方周末》之所以一纸风行长盛不衰，就在于20世纪90年代以来，逐渐将报道的重点转向转型期的社会问题、突发的新闻事件。在反腐、社会公平、消费者权益保护、"三农"问题及其他一些焦点事件的调查等方面持续推出了一批影响巨大的深度报道。这些报道切中了当时社会发展的主要问题，并进行了有力量有锐度的呈现，引起了广泛共鸣。"进入21世纪，社会已从简单的情绪宣泄转向需要利益协调、理性建设的层面，《南方周末》更成熟更负责任的态度观照现实、记录时代。这期间的报道，更注重关怀现实，更注重挖掘食物深层次的发展逻辑，因而更显理性的力量。"[②]

对策四：拓展多媒体接触终端系统。适应报业的数字化转型，正在实施主流化转型的都市报有两个方面的任务需要完成：其一，要构建融合新闻生产的报社组织。从新闻信息的发现、鉴别、转换、整合、展示和增值六个基本环节适应数字技术的要求，以便新闻报道在新的数字终端上能够实现听、读、看、写、说、录等手段的自由选择和组合。其二，要根据目标读者的媒介接触习惯和阅读

---

① 喻国明：《解析传媒变局》，南方日报出版社，2002，第62~63页。
② 杨兴锋主编《南方报业之路》，南方日报出版社，2009，第96页。

方式的要求，开发适合受众多媒体、多样化、多层次的接触体验终端。基于电信网、广电网、互联网及其融合而运行的各类受众接触终端，通过报社组织内容生产中心的全媒体多通道数字出版系统或者内容集成平台，就可以实现新闻信息聚合与互动、分配，为受众提供多媒体、多样化、多层次的接触体验终端。我们很难预测报业"纸"的完全衰退是在哪个时点，但融合新闻传播接触终端的全媒体化已然呈现为加速度发展态势。尤其是伴随着一系列管理壁垒、技术壁垒、政策壁垒的渐次突破，归属于不同服务领域的广电网、电信网、互联网三大网络的融合逐步完成以后，一个真正意义上的全媒体新闻传播接触终端系统必将形成。

对策五：打造基于品牌影响力的经营推广模式。这一经营推广模式有三个基本支撑点：一是完备的品牌识别体系；二是科学的品牌传播方式；三是有利于维护报纸品位与格调的广告运营方式。所谓完备的品牌识别体系强调的是实施主流化转型战略的都市报，要基于对主流读者的深刻洞察，进行品牌定位，设定自身勇于承担社会责任的核心价值观念，提炼品牌愿景，构筑核心识别和包括品牌个性、产品范围、组织联想、版面规律、品牌符号在内的延伸识别系统，以形成与读者互动传播的基础。所谓科学的品牌传播方式需要注意两点：一是传播方式的横向整合。主流报纸品牌传播最具有诉求力和竞争力的途径无疑是报纸产品自身所体现的深层关怀和价值判断的影响力。不仅如此，在传播环日益复杂、信息内容相对过剩的今天，整合或融合其他的传播途径与方式更是十分必要的。传播方式的横向整合强调的是要整合自身的接触终端与广告、公关、活动等途径，与目标读者或潜在读者进行多途径沟通，以提升品牌的认知度、美誉度、联想度、忠诚度。二是传播方式的纵向整合。这里强调的是品牌形象传播的连贯一致、持之以恒。事实证明，那些饱经历史风雨和市场风浪洗礼的主流报纸的品牌资产的积累，借力于长期的稳定传播和形象塑造。所谓有利于维护报纸品位与格调的广告运营方式，突出的是在采编与广告完全分离的前提下，报纸对于有损品牌形象的新闻内容植入式广告、虚假广告、低俗广告能够断然根绝。都市报的主流化转型必须付出一定的转型成本，这既包括传统读者的部分流失和发行量的阵痛性下降，也包括为了维护报纸的高品格而忍痛放弃低俗、虚假的广告。

中国的主流报纸或许可能从都市报中发展而来，但这种发展不可能是简单自然演进的结果。从都市报到主流大报，其间唯一的道路就是遵循转型路径，参与市场竞争，接受读者选择。谁能够回应报业市场的期待，按照主流报纸的理念和特质脱胎换骨，走出误区，规范打造自己，谁就可能真正成为"21世纪中国的主流大报"。

中国报业转型发展的
民本化战略走向*

　　1978 年至今的三十余年时间，是中国社会转型和社会发展的加速时期。在此过程中，伴随着国家—社会关系的演变，民本、民主、民生已经成为社会、政治变革的根本立足点。与之相应，国家—媒体关系也相应调整，新闻传媒不再是过去的单一宣传工具，而是向社会各阶层的信息传播工具、代言工具转化，并最终向公民社会的利益表达渠道转型。我们将此称之为大众传媒的民本化战略走向。报业的民本化战略转型是在宏大的历史、社会场域中不断适应不断选择的结果，同时也在政府与媒体双向互动关系的构建过程中获取了新的实践基础与制度资源。伴随我国融入国际化、数字化进程以及社会转型与新闻改革的不断推进，民本化已成为报业持续发展的重要战略走向。

一

　　传媒发展战略的形成是传媒整合自身的资源条件，适应社会宏观环境的变化，逐步铸造并获得竞争优势的过程。中国报业的民本化战略也历经了一个与传媒社会场域不断适应与互动、媒体角色不断转型的过程。

---

　　* 发表于《中国媒体发展研究报告》2011 年卷。本文的第二作者是博士生、东北财经大学新闻传播学院教师赵寰。

1978年以前，中国社会是一个总体性社会。所谓总体性社会是一种"社会高度一体化，整个社会生活几乎完全依靠国家机器驱动的社会"。[①] 在这样的社会中，政治、经济和意识形态三个中心高度重合，国家对社会实行全面垄断和控制。整个社会的沟通媒介被全面纳入自上而下的纵向沟通系统之中。无论是新闻传媒，还是官方文件，以及其他传播活动，都成为国家向民众实施组织传播的工具。因此，当时的传媒成为单一的党和政府的喉舌，充当社会动员与整合的宣传工具角色。在计划经济体制下的机关报一统天下的"党报时代"，最极端的表现是"文革"时期的"两报一刊"，报纸成了纯粹"阶级斗争的工具"。

中国报业民本化战略发端于报纸作为单一宣传工具向大众传播媒介的初步转型回归。20世纪80年代改革开放的初期，伴随着社会改革"放权"与"分权"双重机制的共同作用，中国社会发生了社会结构的全方位分化，即它同时发生了社会群体的分化、阶层的分化、产业的分化、地域的分化。执政党、政府、社会、公民之间的关系得以重新调整，过去的国家垄断所有资源的格局被打破，新的社会中间阶层开始生成并快速成长，社会结构逐步走向分化，社会利益主体开始重组，国民信息需要迅速觉醒与释放。在此背景下，政府对新闻媒介开始放权，并赋予传媒一定的经营和发行自主权，推动新闻报道向"半自主"的新闻场域转型。由此，随着社会改革和新闻改革的推进，社会、媒介、受众之间的双向互动关系开始形成，传媒开始了自身的大众化历程。其标志是大众化报纸的滥觞——晚报的勃兴与党报深度报道的崛起——党报尝试新闻改革的最初探索，例如1980年中共上海市委机关报《解放日报》创办了文摘类报纸《报刊文摘》，强调以事实、新闻为主体，为读者贴

---

① 孙立平：《现代化与社会转型》，北京大学出版社，2005，第206页。

心服务；1983年《南方周末》创办，创刊之初，其定位为：《南方日报》的补充，以文化娱乐信息为主的小报。① 大众化报纸区别于党报的意识形态话语，诉求于"读者需要"，敞露了中国新闻业另外的可能性场域，先前的媒介单一政治宣传工具角色开始转向信息传播、引导社会公共舆论、提供娱乐、广告发布等多元角色。正是在由组织传播媒介回归到大众传播媒介的过程中，中国报业民本化战略逐步形成并格局初定。

20世纪90年代，社会主义市场经济这一经济体制改革目标的确立，大大加速了中国社会的市场经济发展进程，使社会主体的创造力急剧释放，公民的权利意识开始觉醒，中国社会新的阶层分化初露端倪。适应经济、政治体制改革的转型要求，中国新闻传媒业开始进行新闻媒体性质的重新定位：传媒业不但传播信息，而且其本身就是一个信息产业。1993年6月，中共中央和国务院发布了《关于加速发展第三产业的规定》，正式将传媒业列为第三产业。在市场经济体制下，传媒业是第三产业，可以进行企业化运作，可以进入市场，这也说明传媒业及其产品具有商品性，既有形而上的"上层建筑属性"，又有形而下的"信息产业属性"，并且这种产业性在实行"企业管理"之后，更具有"企业属性"。② 中国报业从此正式向"自主经营、自负盈亏、自我积累、自我发展"的企业化之路转变。在这种情形下，大众化报纸迎来了都市报的新形式，其典型代表是创刊于1995年的《华西都市报》。该报第一次提出"市民生活报"的定位，成功建构了社会主体（市民）和社会客体（市民权），将市民的知情权、人权、消

---

① 洪兵：《转型社会中的新闻生产——〈南方周末〉个案研究（1983年至2001年）》，复旦大学博士论文。

② 李良荣：《中国新闻改革30年》，《中国媒体发展研究报告（2008年）》，武汉大学出版社，2008。

费权等呈现于媒介空间。① 对于其目标读者、目标受众之"市民代言人"的追逐，成为报业民本化战略继续推进的重要表征。

2002 年之后，经济的持续高速发展催生了不同层次和规模的利益主体，不同的利益主体具有不同的利益诉求，中国社会转型进入博弈阶段。与此同时，尤其是 2005 年以来，社会的博弈与整合两种状态交织并存。一方面，社会的博弈状态持续发展；另一方面，社会整合与社会断裂的修复工作开始进行。和谐社会建构目标的确立，标志着社会整合的开始。以社会整合为取向的和谐社会的建构，既是当下解决社会问题、协调社会冲突、弥合社会结构断裂的策略选择，又是社会转型与发展的目标追求。作为策略选择，政府的转型、再分配政策的调整、公私财产保护法律制度的建立、市场利益均衡机制的形成和一系列民生问题的解决，是建构和谐社会的当务之急。为此，2004 年党的十六届四中全会提出要"加强社会建设和管理，推进社会管理体制创新"，2007 年党的十七大报告则提出要"建立健全党委领导、政府负责、社会协同、公众参与的社会管理格局"，把社会管理创新纳入体系性框架之中，意在"加强社会管理法律、体制、能力建设，维护人民群众权益，促进社会公平正义，保持社会良好秩序，建设中国特色社会主义社会管理体系，确保社会既充满活力又和谐稳定"。② 作为社会转型的目标，和谐社会是一个民主、平等、博爱、法制、公平、正义的社会。实现国民知情权满足，使民众拥有平等媒介接近权、传播权、社会事务参与权与监督权，让公权得以公用，让弱者得以关怀，是建构和谐社会的题中之意。作为和谐社会守望者的中国传媒，民本

---

① 孙玮：《媒介话语空间的重构：中国大陆大众化报纸媒介话语的三十年演变》，《传播与社会学刊》（总）第六期（2008），第 71～92 页。
② 《胡锦涛在省部级领导干部专题研讨班开班式上讲话》，中华人民共和国中央人民政府网站，http://www.gov.cn，2011 年 2 月 19 日。

化转型走向了一个关键而必要的阶段，中国报业需要开拓新的实践空间，不断凸显其社会生活的监视器、社会历史的记录者和思想观念资讯的主要来源的专业职能，从而进一步谋求服务于国家—社会等公共领域问题的新的转型。

经过了20世纪90年代、21世纪前10年的发展，民本化战略已经主导了报业内容生产和新闻报道的基本演进方向。这不仅仅表现在"受众本位"与"满足受众知情权"已经成为报纸新闻报道的基本理念，表现在由党报、晚报、都市报、市场主流报等构成的多元报纸种群已经成为一种能够影响社会运行的重要公共力量，而且还表现在报纸新闻报道"平民化"倾向彰显并向"公民化"方向演进。民本化战略引导着报纸在与网络、电视等传媒的竞争与合作中，与中国社会一起转型、成长，并通过自己的成长推动着社会的进一步转型。

二

报业民本化转型的重要基础是政府与传媒关系的变化。

2008年是报业民本化转型发展的重要节点。报媒与其他传媒在对南方抗击雪灾、汶川大地震、贵州瓮安事件、北京奥运会、"神七"上天、金融危机等一系列大悲、大喜、大忧的事件报道过程中，彰显新闻价值规律，坚定承担社会责任，释放影响社会的激情，获得了极大的话语权与极高的公信力。与此同时，《政府信息公开条例》于2008年5月1日正式实施，不仅从行政法规层面保障公民的知情权，也使包括报纸在内的传媒与政府的关系得到了初步的定位——政府与传媒不再是简单的单向控制与被控制关系，而开始逐步走向社会不同子系统之间的双向互动关系——共生关系、工作关系和监督关系。

　　如果说，在以往中国政府与传媒关系的框架下，传媒是党和政府的喉舌，是组织传播的媒介，是政府行政权力的延伸，是国家的宣传机器，政府与传媒之间是一种单向的控制关系的话，那么今天的传媒管理体制下这种单向管控体制已经被打破，一种新的政府与传媒之间的双向互动关系正在构建。这是因为，在中国的社会转型过程中，政府与传媒的角色正在转型。按照政治体制改革的设想与目标，中国政府的角色正在由传统的控制型政府、人治政府、封闭型政府向服务型政府、法治政府、透明政府转化。社会的治理理念开始由"以国为本"向"以人为本"转化，"坚持以人为本，促进社会事业加快发展，积极解决人民群众最关心、最直接、最现实的利益问题，维护社会公平正义，让全体人民共享改革发展成果"。①与此同时，中国传媒角色也发生了根本性变化，不断向成为社会各阶层的信息传播工具、代言工具和社会公器的方向转型。尽管从终极意义上讲，传媒国有决定了国家依然拥有对传媒的话语的最终控制权，但是，在有限政府、法治政府、开放透明政府、服务型政府的框架内，传媒也不可能是政府的简单的"传声筒"和"喉舌"了。政府与传媒之间新型的共生关系、工作关系和监督关系已经开始彰显。

　　今天中国政府与传媒之间的共生关系、工作关系和监督关系主要体现一种双向互动关系。所谓"双向"既是指传媒对于政府运作的监督、影响，又是指政府对于传媒的依法规制和宏观管理。所谓"互动"，一方面是指传媒作为社会公器，履行自身的社会责任，代表社会和公民监督政府、影响政府；另一方面是指政府通过传媒披露法规、政策和相关的重大社会经济、政治、文化信息，引

---

　　① 《温家宝3月16日答中外记者问（实录）》，搜狐新闻网，http://news.sohu.com，2007年3月16日。

导社会的常态运行，甚至通过传媒进行政府形象的塑造与传播，进行政府形象、国家形象的构建与提升。所谓共生关系，指的是传媒与政府同时成为社会的有机构成子系统之一，它们之间并不是从属关系，而是彼此之间相对独立而又相互关联、相互作用、相互博弈。政府与传媒之间各自功能的有效发挥则可以促进社会的有效运转。所谓监督关系，指的是政府把传媒作为管理相对人之一，依法对传媒实施宏观监管的同时，而传媒则代表公众、代表社会，对政府实施有效监督，把政府的行为及其结果置放在国民的视野内，对政府及其工作人员的不当职业行为进行批评监督。所谓工作关系，指的是传媒作为政府与公众沟通的途径之一，成为政府塑造其公众形象的公共关系工具之一；而政府信息又是传媒的主要新闻来源之一。这一工作关系，规定着传媒与政府的关系将是职业传播机构与新闻事件当事人的关系，而不是谁控制谁的关系。

正是这样的政府与传媒之间的双向互动关系的构建与发展，为报业民本化转型的持续推进提供了条件，为报业在公民社会建设过程中发挥其社会监视器与探照灯的功能提供了前提。

三

经过三十余年的经济高速发展和社会转型，中国已经到了构建公民社会的一个新阶段。尽管关于中国已经"迈入"还是正在"走向"公民社会存有争议[①]，但不可否认的是，随着市场机制培育和国际社会影响，公民社会是中国社会发展不可逆转的方向。构建公民社会，才能够为中国的未来民主提供一个社会结构的基础。参与式民主政治和公民社会的构建，将是未来中国社会转型发展的

---

① 韩洪刚：《北大清华激辩：中国迈进公民社会?》，《时代周报》2009 年 1 月 7 日。

主要走向之一。

　　媒体作为各种利益表达与聚合的公共平台，其在建构公民性方面具有重要意义。有论者指出，观察分析近年来诸多公共事件和公共议题中的公众参与，当前中国公众参与基本都具有"媒体驱动"（media-driven）的鲜明特征。[①] 一个公共事件的发生，首先需要媒体的参与，没有媒体的关键性传动作用，就不会引发大规模的公众参与；没有媒体对民意的呈现与放大，公共危机中的许多问题将难以引起官方重视和产生改革效果。与其他传媒相比较，报纸参与公民社会构建，在倡导社会理性、维护社会良序、坚守社会良心、传播社会良知、传导社会良俗、推进社会民主进程方面优势独具。这是因为，报纸的特质并不在于它的"纸"，而在于其以文字符号操作为主的"报"；报纸的力量来自它报道的客观、真实和公正。即使到了网络互动传媒大行其道、媒介资源相对过剩的今天，客观报道信息、处理信息，对事实提供价值判断与深度解析，依旧是报纸的强项。正是这一强项，使报纸能够以独到的视点，充分满足受众知情权，判断真实、揭示真相、守望公正。今后，民本化战略可能从以下四个方面促进报业发展。

　　第一，以促进公民社会构建作为新闻报道的高层框架。中国的公民社会正处于构建与发展的关键时期。"公民社会"可理解为"国家或政府系统，以及市场或企业系统之外的，所有民间组织或民间关系的总和，它是官方政治领域和市场经济领域之外的民间公共领域。"[②] 按照美国学者罗伯特·D. 帕特南（Robert David Putnam）的观点，合格公民是公民社会的主要构件之一。具备一定的"公民性"（civility），公民方可称为"合格"。所谓"公民

----

① 吴麟：《公众参与的"媒体驱动型"特征》，《学术界》2010年第4期。
② 高丙中、袁瑞军主编《中国公民社会发展蓝皮书》，北京大学出版社，2008，第17页。

性"则指在公民共同体（civic community）中，公民对政治平等的追求和对公共事务的积极参与所表现出来的共同体的"公共精神"。① 换言之，所谓公民意识，即公民对自己作为个人参与、影响或监督国家公权力运行独立主体身份的认同。只有公民的公共精神、自主理性和自治能力得到提升，民主规制和民主实践才能被激活。在我国，虽然"公民意识"一词已首次出现在十七大报告中，但中国民众的民主意识、公民意识相对仍然比较淡薄，培育公民意识需要一个长期的过程。另外，社会民间组织系统发育迟缓，尽管很多民众群体权利意识明显增强，要求享有生存权、平等权和发展权，但与权利意识不断提升的现实相并存的，往往是利益表达渠道的失灵。谁来保护中国民众的权益？迫切需要民间组织的培育与完善，这些组织可以通过凝聚与提炼民众的利益来发挥其建设性的力量，进而维护集体权益，促进社会的公平、公正。鉴于当前国民的公民意识相对缺乏、社会民间组织系统发育迟缓、国民与政府的关系尚未理顺等问题正严重地制约着公民社会的构建，作为社会大船的瞭望者，新闻报道就应以促进公民社会构建作为其报道高层框架，就要立足于促进民间组织系统的发展，引导社会自组织能力的提升，强化公民的权利与义务意识，理顺国民与政府之间的主仆关系，从全面推进公民社会构建的总体指向上，去形成报道模式、设置报道议程、判断新闻价值，以表达公民心声、促进社会发展。

第二，新闻报道的内容层面，将从"以人为本，关注民生"的指向逐步扩展为社会公正的守望，强化对社会公权力的监督，促进社会和解，防止社会溃败。我国当前处于社会转型期，社会体制深刻变革，社会结构深刻变动，思想观念深刻变化，利益格局深刻

---

① 〔美〕罗伯特·D. 帕特南：《使民主运转起来》，王列、赖海榕译，江西人民出版社，2001，第 100 ~ 104、203 ~ 206 页。

调整，由此引发的社会矛盾错综复杂，各种社会冲突层出不穷，突发性群体事件不断增加。根据 2005 年发表的《社会蓝皮书》，1993～2003 年，群体性事件已由 1 万起增加到 6 万起，参与人数亦增加到 307 万人。国家行政学院公共行政教研室主任竹立家在接受《瞭望东方周刊》访问时透露，2006～2010 年，群体性事件的数量增加了一倍。有人据此推算，2010 年的群体性事件至少有 18 万起。上海交通大学《2010 中国危机管理年度报告》则显示，影响较大的危机舆情事件有 72 宗，即平均五天便发生一宗影响较大的危机舆情事件。[①]

在目前这个社会矛盾尖锐、突发性群体事件层出不穷的关键时期，尤其需要报纸的新闻报道强调"以人为本，关注民生"，充分发挥其"政府的监督者、混沌世界的探照灯"功能。如果屏蔽了以报纸为主体的传媒的这一功能，将会导致社会冲突的扩大化和社会矛盾的激化。而要充分发挥报纸的这一功能，首先要站在公民的角度对社会突发性事件进行客观报道。报纸要针对突发性群体事件，深度解析社会结构与官民关系，透析事实本身，对问题的来龙去脉、前因后果、趋势方向进行客观报道，充分满足受众的知情要求，实现信息的透明化；其次要代表社会各阶层公民，对社会公权力的行使进行有效监督，揭示公民"被民主""被幸福""被就业""被代表""被和谐"的事实真相。公权力是一个社会的核心资源，也是产生腐败的核心地带。当前中国社会问题的本质不在于"社会动荡"，而在于"社会溃败"，"社会动荡"的反面是社会稳定，"社会溃败"的反面则是社会健康。中国社会的社会肌体已经出现了严重的问题，而问题的核心则是"权力的失控"。[②] 媒体的

---

① 孙立平：《社会失序：我们要面对的严峻挑战》，博客中国·孙立平博客专栏，http：//www. blogchina. com/201102261096438. html。

② 孙立平：《中国社会正在加速走向溃败》，人民网四川视窗，2011 年 2 月 27 日。

使命，就是帮助公众知情、帮助公众表达，切实监督政府和执政党对权力的行使，真正让权力在阳光下运行，保障人民民主的进一步实现。阳光是最好的防腐剂、杀毒剂，作为社会生活探照灯与监视器的报纸，理应突破信息屏蔽，把一些社会深层问题纳入受众关注的视野与可解决的范围，促进社会问题的解决与社会和解、协商，引导社会良性发展，防止社会溃败。

第三，新闻报道的形态上凸显公民新闻。"公民新闻崛起，是2009年中国媒体业的一道亮丽风景线，无论是杭州飙车案，还是央视大火，还是邓玉娇事件，都显示了公民新闻的逼人气势。"①作为一种取向于社会运动的新闻改革浪潮，公民新闻不仅在新闻生产的各个环节中突破了固有方式的禁锢，还在理念上对传统的新闻学进行颠覆，使传媒、政治与社会力量之间的制衡发生了改变。2010年以来，公民新闻的力量愈加彰显，其与社会发展的紧密联系，加之传统媒体的配合助推，使得新闻报道不像以往那样停留在形成公共议题的讨论阶段，而是更多地顺应民意，从实质上去推动社会变革。例如，2010年的局长日记门、李启铭撞人事件、上海静安大火、力拓间谍门、前茂名书记落马案调查、唐骏学历门、紫金矿业污染门等，从道德危机、权力腐化、官商勾结等多维层面进入社会的注目空间，为社会政治变革提供议题，而钱云会案、河南高速天价收费案以及近来的家乐福和沃尔玛两大跨国零售巨头因涉嫌欺诈受罚等事件，则在社会问题社会隐患深度曝光的同时，进而引发社会对国民非制度化生存以及社会体制本身的深入思考与反诘，这同时也促使社会政治变革提上议程。"公民新闻"打破了传统的新闻生产流程，通过多渠道的新闻信息报道满足日益多元化发展趋势下公民的知情权需求。可以预料的是，伴随社会民主化进程

---

① 笑蜀：《2009：谁引领新闻话语权》，《南方周末》2009年12月14日。

与传媒融合大趋势的推进，代表民间草根传播力量和社会大众意见的公民新闻，在社会公共领域的构建过程中，必将成为影响社会舆论走向和社会发展的重要力量。"公共新闻网站将占领突发新闻报道的战场，新闻分析则留给报纸和通讯社去做。这就是我们制造的新闻传播领域的大变局。"① 媒介融合时代的传媒不可能再握有对于信息的垄断权，而需要在与其他传媒形态的紧密配合中，形成自己独家的判断视角、标准和方法，发现新闻事实背后的价值与意义。公共传统媒体与"公民新闻"的互动和融合可以使受众关注的各类议题更容易聚焦呈现，从而使新闻报道更贴近民众的需要，同时，这种融合还将有助于扩大新闻传媒的影响力，有助于推动整个社会的民主进程。重视这种"互动新闻"或"参与式新闻"，将使报纸更尊重传播规律，更尊重受众感受，更关注公共议程。任何无视公民新闻的报纸将会加速其死亡。

第四，主流报纸与公共报纸将得到长足的发展。如果说前30年报纸种群演进过程中，从党报的衰落、晚报的勃兴，到都市报的兴盛，再到今天的主流报纸的涌现，新的报纸种群大体上是在民本化转型战略走向上执着而坚韧地发展的话，那么主流报纸作为典型的适应公民社会需要的传媒，必将得到持续发展而成为社会的主导报纸种群。经过30余年的社会转型，我国新的社会阶层结构雏形已经显现，社会资源垄断趋势的出现、社会分层结构的初步定型化、社会精英群体的互换与联盟的形成，表征着社会主流群体的崛起；与此同时，主导报业市场的都市报种群的同质化困境和规模化市场诉求，已经开始脱离社会主流人群对信息传播的中心需要。"长期形成的对市场的充分重视，使都市报有意无意地简化忽略了

---

① 转引自蔡雯、郭翠玲《"公民新闻"的兴起与传统媒体的应对》，《新闻战线》2009 年第 9 期。

主流媒体权威性的内涵和在报道风格上对理性的崇尚。"① 因此，在一定时期内，一方面由于都市报的勃兴，导致休闲娱乐、日常生活传播资源的过剩；另一方面，报纸又无法满足人民的知情权需要，难以满足体制和政策造成的巨大的信息饥渴，带来"主流报纸"的缺失。"急市民之所需，想市民之所想"固然在一定时期内，发挥了报业的民主化助推力量。但从新闻传播的历史演进规律来看，成熟的报业市场，不仅需要"大众报纸"，更需要具有较大的社会与市场影响力的"高级报纸"，或者说"主流报纸"。这类报纸的目标读者是社会高端读者。他们是社会的"核心动力群体"，对其他层面具有巨大的社会影响力。服务并影响这部分人群，充分发扬新闻专业主义理想与职业精神，深刻地关注和记录社会上正在发生的和形成的历史，才能真正发挥报纸的重大社会影响力与公信力，并进而完成报纸基于推动社会的进步、文明的进化、历史的发展而承担的社会公器的使命。就我国当代报业市场的进程而言，主流报纸的市场期待成为报纸的自主追求，是最近十年的重要走向。如今，以《南方都市报》《北京青年报》《新京报》《成都商报》等为代表的一批都市类报纸的主流化转型，注重以高公信力的新闻、高质量的观点吸聚社会影响力大的那些具有决策话语权、知识话语权、消费话语权的受众，在一定程度上，正彰显着报纸主流化的趋势；而以《南方周末》等为代表的一些报纸，独树标高、卓尔不群，正凸显着中国报纸的职业理想、责任情怀与新闻专业主义的追求。这些努力都无疑为报纸民本化战略转向趋于更高、更深层面进行了诠释。

---

① 张昆、陈力峰：《都市报主流转型的困局与出路》，《新闻记者》2008 年第 9 期。

中国报业数字化转型的问题与对策[*]

一

中国报纸数字化发展战略的起点，可以追溯到 1987 年《经济日报》运行华光Ⅲ型激光照排系统。1994 年中国大陆正式与国际互联网链接，为报纸的数字化生存提供了网络基础。1995 年之后，大量的报纸开始自发与互联网"亲密接触"。到了 2005 年，报业强烈感受到新兴的网络传媒在读者注意力和广告资源等方面的分流威胁，国家新闻出版总署适时提出报纸出版业加快走向"数字报业"转型的战略构想。2006 年 8 月，国家新闻出版总署发布《中国报纸出版业"十一五"发展规划纲要》，正式启动"数字报业发展战略"和"中国数字报业实验室"计划。从此，传统纸质出版向数字网络出版的转型，成为中国报业寻求新的生存制高点的自觉行动。

经过五年多的推进，我国数字报业战略已经取得初步的进展。报业内容生产集成平台与全媒体多通道数字出版系统的建设、报业内容多媒体接触终端的开发、运营模式的电子商务化拓展等取得了一定的实效。概而言之，报业数字化探索的进展至少体现在如下方面。

---

[*] 发表于《中国媒体发展研究报告》2011 年卷。本文第二作者为博士生、湖北大学文学与新闻学院教师陈薇。

第一，报网互动开始延伸报纸的影响力。多数纸媒都建立了自己的网站，推出报纸的数字版面或互动窗口。在这些网站上，针对目标受众的需要，可以补充新的新闻内容、音频和视频内容，并把一些受制于纸媒版面无法延展的内容，通过网络传播出去，使受众的阅读体验更丰富和立体。例如，基于报纸与网络合作建立的大渝网、大成网、大秦网、大楚网、奥一网、辽一网等网站，已经成为报网互动的新媒体平台。这些新媒体平台，依托纸媒及其品牌，立足于将本地新闻、本市新闻、民生新闻做细做深做透而形成其较大的影响力。

第二，报业新闻生产、接触终端的改造初见成效。尤其是2006年以来，进入数字报业实验室计划的报纸，从不同方面开展了新闻生产的流程再造试验和探索。例如，解放日报报业集团设计开发的报业全媒体多通道数字出版系统，包括语义搜索、版面分解、内容管理、快速拼版和复合出版五大功能模块，能够在传统报业内容生产与新媒体项目内容需求之间搭建起高效、快捷的数据交换和发布通道，从而实现新媒体采编发布流程中的自动资讯收集、快速模块化拼版和多通道、多载体内容发布。传统报纸版面内容经过一次反解，就能转化成多种标准格式的文件，衍生的新媒体多形态产品就能同步制作和发布。这一系统延伸了报纸的内容"供应链"，传统纸报内容与 i-news（手机报）、i-paper（电子报）、i-mook（网络数码杂志）、i-street（公共新闻视频）等新型报纸接触终端的内容实现对接，加速推进内容生产和传播方式的数字化转型，拓展报纸的形态和功能边界。再如，2008年奥运会期间，《广州日报》首创"编辑部前移"的报道新模式。这一模式将编辑部整体进驻北京，报纸的策划、编辑、评论、美编、制版、校对、作图、技术、传版以及网络视频直播、手机报的编辑制作等均在北京进行"全流程"运作。又如，宁波日报报业集团率先建设集新闻采编、经营管理于一体的全媒体数字技术平台，从体制和机制上为数字化生产、传播、营销、投资和管理搭建统一平台和战略架构，实现媒介产品的多介质、多层次、多频次的生产和销售。他们已初步构建出由三层次媒介组成的全媒介系统：第一个层次包括《宁波日报》《宁波晚报》《宁波商报》《新侨报》及四家县市区报纸；第二个层次是以中国宁波网为核心的网络媒体；第三个层次是以手机报、互动多媒体报、电子纸报、户外大屏幕等为载体的新型媒体。通过报业融合新闻生产流程再造的初步探索，纸媒与新媒体的隔阂在逐渐打通，媒体融合逐步加深，报纸报道"正在发生的新闻"的能力正在提升。

不过，必须承认，我国报业数字化进程中所进行的多通道出版系统、手机报、新闻网站的开发等探索，还属于数字报业发展的"优先变革点"。仅仅停留在"优先变革点"还很不够，这只是让报业变革进入产业激变性演化进程的"新兴"阶段。从报业数字化进程的整体来看，即将从产业激变性演化进程的"新兴"阶段提升到"共存"阶段。而在"共存"阶段，新的数字报纸产业模式的要素正在积累，新的盈利模式即将蓬勃而出。无论是读者、生产者，还是产业供应商面对新模式，不仅越来越理性，而且熟悉程度日益提高。从数字报业"共存"阶段来看，报业数字化发展进程有如下问题亟待解决。

第一，报社组织结构转型的滞后。报社组织向融合新闻生产组织结构的转型，不仅是数字报业发展的现实"短板"，更是保障这些"优先变革点"走向"全面变革"的前提和基础。报业组织的结构转型已经成为制约数字报业在"共存"阶段进行新模式要素积累的关键点和目前面临的核心问题。"三网融合"等产业融合的逐步推进，加大了网络运营商在数字传媒产业链上下游强势扩张的力度，激活了发展内容生产组织和推进内容融合的巨大空间。以生产文本、图片、音频和视频内容见长的报社组织需要在数字传媒产业链上游的融合新闻生产组织领域重新定位，并形成新的组织结构形式。

第二，新的盈利模式尚需构建。而当前的数字报业在数字化进程中，商业运营模式多为原有运营模式的延伸，缺乏创新；依靠互联网的便利和免费吸引了更多消费者，却没有带来更多的盈利；新闻网站的依附状态限制了自身的独立运营；盲目进入自己并不熟悉的一些新媒体领域，既没有找到自己的盈利模式，又失去成熟稳定的商业模式和收入来源。如都市报业数字化开发形式大同小异，对目标用户市场缺乏深入研究与调查分析，盲目开发，甚至将报纸同质化现象带入报网竞争。① 又如近几年的手机报，信息发布环节完全掌握在无线运营商手里，无线运营商的政策决定了手机报的价格、发行是否通畅，报社完全处于被动地位。② 这些都影响了数字报纸的盈利模式的构建。

第三，融合形态新闻生产尚需突破。虽然宁波日报报业集团的"全媒体信息技术平台"、解放日报报业集团的"报业全媒体多通道数字出版系统"、烟台日报传媒集团的"全媒体信息技术平台"、人民日报的"综合业务信息化平台"等都试图探索新闻信息中心的多级开发与采编流程的再造，但这些还是融合新闻生产流程的初步探索。一方面，出于媒介融合进程中的各媒体之间在同一目标的前提下，实现新闻资源的共享、开发与整合，通过一个中心新闻厨房的集中处理，衍生出不同形式和介质的信息与娱乐产品，传输给多样性的接触终端，这才是数字报业发展内容生产的较高境界。另一方面，公民新闻生产的崛起，又迫切需要传媒生产组织迅速找到

① 袁志坚：《数字报业的商业模式初探》，《传媒》2007 年第 7 期。
② 张士贤：《报业数字化面临的问题与解决路径》，《新闻爱好者》2010 年第 10 期，第 54 ~ 55 页。

新的媒介生态环境中的价值落点，促进专业新闻生产与公民新闻生产的融合，以提升核心产品的影响力。

第四，一些技术壁垒、法规壁垒、管理壁垒尚未突破。在传媒新技术的创新与扩散日新月异的今天，中国报业的数字化转型与报业的市场化、民本化转型叠加推进，导致其传媒环境与社会环境异常复杂，壁垒丛生。推进报业数字化战略进程，可能遭遇市场需要的技术研发能力的短缺、同类产品的多个技术标准难以兼容等技术壁垒，也可能遭遇原有报业政策、传媒法规在数字报业领域的滞后等政策法规壁垒，还可能遭遇不同媒介领域的版权壁垒、管理壁垒。

二

报业生态环境的剧烈变化，进一步加大了推进报业数字化转型的紧迫性。报业数字化转型面临的压力依然十分严峻，互联网络等融合型媒介的强劲发展还持续挤压着报业的生存空间。截至 2010 年 12 月底，我国网民总数已攀升到 4.57 亿，全年新增网民 7330 万，年增幅 19.1%；手机网民达 3.03 亿，较上年净增 6930 万；网络新闻用户 35304 万，占网民总数的 77.2%；互联网普及率上升至 34.3%，较 2009 年年底提高 5.4 个百分点。[1] 互联网络与其他互动媒介的高速发展，导致纸媒的阅读率持续下降，数字化阅读率持续上升。据调查，2010 年我国 18～70 周岁国民各媒介综合阅读率达到 77.1%，比 2009 年的 72.0% 增加了 5.1 个百分点。图书、报纸、杂志的阅读率和数字化阅读方式的接触率较 2009 年均有增

---

[1] 中国互联网络信息中心：《第 27 次中国互联网络发展统计报告》，http：//www.cnnic.net.cn，2011 年 1 月 18 日。

长；数字化阅读方式的接触率为32.8%，比2009年的24.6%增加了8.2个百分点，增幅为33.3%。相比较而言，数字化阅读方式的接触率增长幅度最大。[①] 不仅如此，三网融合的逐步推进，都迫使报业必须加速向内容生产组织的数字化转型，以铸造新的市场竞争优势。报业数字化战略进程还需要从以下四个方面向纵深推进。

第一，报社组织结构的转型。如果说三网融合及其所表征的传媒产业与电信产业融合趋势，属于报业环境变革要求之一的话，那么报社组织将这一要求内化，则必须进行组织结构的转型。从组织行为学的角度来看，组织结构指的是，对于工作任务如何进行分工、分组和协调合作，它是一种连接任务、技术和人员的互动关系所形成的模式。不同的组织具有不同的结构，组织结构对于员工的态度和行为都具影响。管理者在进行组织结构设计时，必须考虑的6个关键因素是：工作专门化、部门化、命令链、控制跨度、集权与分权、正规化。[②] 不仅如此，战略、组织规模、技术、环境4个因素直接决定着组织结构的形式。基于环境适应和组织目标而形成的发展战略，当然是组织结构的核心影响因素；组织结构是实现组织战略的手段。有效的组织结构可以保证资源能够按照组织战略需要得到充分利用。组织规模直接影响到结构类型、专门化、部门化的选择与集权或分权机制的构建。技术作为组织将所拥有的资源转化为产品的手段，则是组织构建生产价值链，以形成竞争优势的基础。由供应商、顾客、竞争者、管理机构、公众压力群体等构成的不确定的环境因素，迫使组织实施调整其结构以适应环境的变化。有学者预测传媒组织结构变革趋势指出："扁平化、大跨度横向一

---

① 《第8次国民阅读调查：数字化阅读增长幅度最大》，人民网，http://it.people.com.cn/GB/14453962.html。

② 〔美〕斯蒂芬·P.罗宾斯：《组织行为学》，中国人民大学出版社，1997，第423页。

体化、虚拟化、柔性化和注重团队建设是未来传媒组织的演变方向。"① 在扁平化、大跨度横向一体化新型传媒组织结构类型中，报业组织结构将由内容中心、技术中心、运营中心三大平台构成。其中，内容中心负责整个企业的内容原创采集、加工聚合、分配应用；技术中心负责整个企业组织系统的硬件和软件技术维护和升级，维护三大中心的正常有效运作，保障新闻内容的生产和配置、传播的顺利开展；运营中心是决定报社内容生产发展全局的核心部门，也是统领内容中心和技术中心的战略指挥部。其中，内容中心（信息中心）则是整个结构转型的核心。传播渠道与信息载体的多样化，必将带动新闻编辑部组织结构及其角色和功能的变化。例如，2006 年 11 月 2 日，美国最大的报业集团甘奈特集团首席执行官 Craig Dubow 在一份备忘录中宣布，集团旗下的所有报纸都将设立崭新的"信息中心"，全面取代已有的新闻编辑室，让原先的报纸读者能在任何时候、任何地方、通过任何他们喜欢的平台，接收新闻和信息。信息中心分为七个功能部：数字部（以数据库为基础快速搜集新闻和信息）、公共服务部（媒介监督）、社区对话部（原评论专栏的延伸，帮助实现传—受交流和受—受交流）、本地新闻部、内容定制部（为小众市场定制专门信息）、数据部（发布生活类"有用"信息）以及多媒体内容制作部。这一改革主要有四个目的：一是进一步突出本地新闻和信息优先于全国和国际新闻信息的地位；二是发表更多的由受众贡献的内容；三是每周 7 天、每天 24 小时不间断地跨平台更新和发布新闻和信息（报纸的作用从而下降，网站的作用因此上升）；四是在与受众的互动中进一步发挥他们的舆论监督作用。② 这种新型报业组织的设计与变革思

① 屠忠俊主编《现代传媒业经营管理》，华中科技大学出版社，2007，第 312 页。
② 邓建国：《"信息中心"：未来报纸的新闻编辑室？——美国甘奈特集团的"激进"报业改革》，《新闻记者》2007 年第 2 期。

路，将与传媒集团及其治理结构的创新具有兼容性。而在新的结构模式主导数字媒体产业运行之后，将同时引发传媒集团整体组织结构的战略创新，促进传媒集团向有机结构、结构松散、工作专门化程度低、正规化程度低、分权化的无边界组织转型。传媒的无边界组织探索已经初步展开。通用电气公司的前首席执行官杰克·韦尔奇这样描述道："无边界并不是说所有内部边界和外部边界都彻底消失了。虽然边界继续以某种形式存在，但它们变得更加开放，也更容易穿透了。"[①] 对新型的传媒组织而言，虽然组织内部各阶层之间的垂直边界、职能部门之间的水平边界，与目标受众、供应商、管理者之间的外部边界，地点、文化和市场之间的地理边界都仍然存在，但是这些边界都不再是传统意义上的刚性存在，而可能逐步变成柔性存在。无论是垂直、水平边界，还是外部、地理的边界，作为柔性存在，都可以通过资源共享、生产价值链的协调与重构而穿透它们。事实上，传媒组织正在探索的一些重大创新举措，正是在媒介无边界组织构建方面拓展和初步转型。例如，成都商报构建的新闻指挥协调中心试图打通不同介质媒介之间的边界和组织内部的垂直边界，深度报道小组正在打破传媒与目标受众、新闻资源供应者之间的外部边界；广州日报的"编辑部前移"不仅促进了媒介组织内部的媒体、平台、编辑部之间的协调与融合，更打破了地理边界；解放日报成立为解放网提供新闻的即时播报记者小组是一个新闻虚拟组织。从传媒的无边界组织购建的角度说，尽管是"小荷才露尖尖角"，但这种趋势已经开始彰显。

第二，促进专业新闻与公民新闻生产的融合，提升产品的公信力和影响力。美国《2011 年新闻媒体状况报告》认为："未来最大

---

① 〔美〕大卫·凯琴、爱伦·伊斯纳:《战略》，孔令凯译，中国人民大学出版社，2009，第 217 页。

的问题可能不是缺少受众或缺乏新收入来源的试验，而是在数字化领域新闻业已经不再掌控自己的未来。"该报告指出，数字内容的聚合、发布和受众数据等，都掌握在谷歌、Facebook 和苹果公司手中。这说明，正在构建的数字媒体产业链中，渠道掌控者已经开始发力。以生产文本、图片、音频和视频内容见长的报社组织需要在数字传媒产业链上游的融合新闻生产组织领域为自己定位，以重构自己的产业价值链。仅仅从报纸的数字化转型的一个视角来说，融合新闻的生产构成数字报业重构产业价值链的基点。融合新闻也叫多样化新闻，也就是以数字化为方向和纽带聚合并能够通过计算机、通信、个人电子设备等多样化终端自由分配与接触的新闻样态。融合新闻不仅从新闻信息的发现、鉴别、转换、整合、展示和增值六个基本环节适应数字技术的要求，更重要的是它在新的终端介质上能够实现听、读、看、写、说、录等手段的自由选择和组合，使新闻传播更加自由、更加个性化、更加互动化。伴随着数字报业传播网络融合与接触终端融合的推进，传统纸媒传播渠道和数字新媒体传播渠道之间的樊篱被彻底打破，融合新闻产品将成为转型后的报社组织进行内容产品开发的主要形态，作为重构新闻的原创、生产、应用产业价值链的支撑优势，实现对产业价值链的"内容拥有"和"终端占有"两大端口的拓展。尤其值得注意的是，传媒专业新闻生产已经开始探索与公民新闻的融合。在今天，公众可以通过网络讨论、播客、博客、微博、维基、掘客等网络媒体，参与到新闻信息的传播过程中来，从某种意义上摧毁了传统媒体对于新闻的垄断，将新闻传播变成了互动对话，极大地改变了新闻传播的生态环境，传统媒体对新闻信息的"议程设置"功能受到影响。这进而导致新闻报道的方式正逐渐从以往的专业记者报道方式向专业记者与公民记者相结合的报道形态转变。一部分媒体的融合新闻生产，已经开始寻求将自身新闻的生产与公民新闻的生产融合与统筹。例如，创立于 2005 年的《赫芬顿邮报》网站成立之初就快速发展为在线巨头，如今已成长为美国访问量最大的新闻网站之一，每天的独立用户访问量超过 2500 万。[①] 其运作成功之道在于"聚合"与"合作"。它以"聚合"的方式，与网站、纸媒、广电直接链接，可以点击跳转至原始网页；以"合作"方式，对自由撰稿人、新闻创作者付费让其提供内容，还可以让提供新闻的部分公民得到网上表达的机会。

因此，专业新闻生产与公民新闻生产的融合，开始成为新闻生产的主要变化动向和方式。不过，融合新闻仅仅是数字新闻的表现样态，并不代表新闻自身的品质或影响力、公信力。正如人人能够做饭并不能取代专业厨师一样，"人人都是记者"并不能替代新闻传播者的执业素养和专业工作。这是因为决定新闻影响力的核心要素不是新闻的"形"，而是新闻的"质"。对目标受众新闻需要的准确洞察与满足，内容的吸引力、影响力、公信力，信息产品的优质，是新闻报道最重要的品质，也是形成媒介品牌的关键和盈利模式的支点。

第三，持续探索盈利模式。事实上，敢于在数字盈利模式方面持续闯关的，往往正是那些新闻报道品质优良、品牌影响力大的传统媒体。例如，《纽约时报》的数字接触终端采用新的收费计划：用户每月在其网站上免费阅读 20 篇文章，超过限额需要订阅套餐，其价格为每 4 周 15 元或包年 195 元，也可以通过《纽约时报》的智能手机进行阅读浏览。而使用 iPad 的者需支付每 4 周 20 元或年 260 元套餐费。想通过任意终端阅读《纽约时报》的话，需支付每 4 周 35 元或者每年 455 美元套餐费。该计划实施不到一个月，《纽

---

① 《传媒巨头 AOL 收购〈赫芬顿邮报〉 押宝在线新闻》，搜狐传媒，http://media.sohu.com/20110210/n279266448.shtml。

约时报》网络版的付费读者已达 10 万，这一结果"好于公司预期"。有学者认为，《纽约时报》网站收费须过七关：（1）超越该网站每月美国独立用户访问量约为 3200 万的 1%；（2）破解 TimesSelect 首次付费阅读失败的魔咒；（3）挽留遭遇收费障碍的新闻用户；（4）保持数字广告收入稳定；（5）让访问套餐成为一大亮点；（6）兼顾各种流量来源；（7）持续改进产品。[①] 因此，《纽约时报》的盈利模式探索，尚待进一步关注，但该报的这一探索已经远远领先于其他媒体。

探索新的盈利模式，无疑需要系统统筹各接触终端粘连的受众及其注意力资源。融合新闻传播的接触终端系统即基于网络新技术而运用所有媒体手段和平台来汇流、整合构建全新的新闻传播与接触系统平台。无论是电子阅读器、数字电视、直播卫星电视、网络视频、车载电视、楼宇视频和户外屏幕，还是手机电视、手机电台、手机报纸、网上即时通讯群组、虚拟社区、博客、播客、搜索引擎、简易聚合、门户网站，基于电信网、广电网、互联网而运行的各类受众接触终端，通过报社组织内容生产中心的全媒体多通道数字出版系统或者内容集成平台，就可以实现新闻信息聚合与互动、分配，为受众提供多媒体、多样化、多层次的接触体验终端。这一终端系统的各个接触点，都可能成为盈利模式的构成点。《西雅图问讯者邮报》的工作人员从 160 人减少至 20 人，成为不需要新闻纸的媒体，却比以往更为盈利，秘诀即在于传播本地新闻，雇佣博客写手，请社区人为报纸捐款（立足于为社区服务）以及集体资助（为某一位或几位记者的调查新闻提供捐赠，包括赞助等）。这样的"报社"，已经是一个专业新闻生产与公民新闻生产

---

① 《纽约时报网站收费面七道坎：驱赶此前失败妖咒》，IP 网络技术圈，http://www.ip74.com/。

融合的无边界组织。不过，即使是无边界组织的报社，形成其盈利模式的原点，则是相对开放的终端系统背后的新闻品牌。我们很难预测，哪一个方面的接点，会成为数字报业盈利模式的核心或者主体，但可以肯定的是，传统媒体所构建的新闻品牌及其影响力，将延伸到数字媒体接触终端系统的各个方面，并以其深刻的洞察力、思想的引导力成为互动传播议程的发动者和引领者。这一内核，恰恰可能成为出售内容的顾客价值所在。一些声誉不佳的宣传媒体，也希望通过内容收费构建自身的盈利模式的铩羽而归，从另一个角度说明了新闻品牌的影响力其实也是数字报纸盈利的关键。

第四，突破技术、政策、管理的壁垒。对技术壁垒、政策法规壁垒、管理壁垒、版权壁垒等的突破，将是数字报业发展的重要走向。从技术层面来看，需要建立并应用数字报业技术标准，以便整合新闻生产和信息资源，克服标准不统一、数据结构不统一、网络协议不统一而导致的"信息孤岛"现象。报业新闻信息技术标准的研发和推广，是制约报业数字化进程的重要壁垒之一。2000 年10 月，国际新闻电信理事会（IPTC）公布了"新闻标示语言"（News ML），成为路透社、美联社、法新社、共同社等新闻机构应用的国际标准。2008 年 1 月，国际新闻电信理事会发布了 News ML G2 标准，成为支持新闻报道业务数字化发展的标准体系。但是，基于英语的这一国际标准，难以简单地在中文领域予以应用。2003 年 3 月，新华社推出新华标示语言（Xinhua ML）作为新华社业务的内部数据交换标准，为中文新闻信息语言技术标准的研发提供了基础。2006 年 5 月，中文新闻信息技术标准正式发布，开始在全国范围内推广。不过，由于新闻信息标准化工作相对滞后，各媒体之间，尤其是报业集团之间使用多种新闻信息分类标准的"信息孤岛"格局并没有彻底改观。2008 年 5 月，广州日报报业集团等 5 家以探索报业数字化转型为主体业务的报业传媒机构倡议建立中国报业的技术标准，以便为全行业构建新闻信息产业链创造条件。迄今为止，报业的技术标准尚在研发过程中。要实现异构平台、跨平台信息共享和利用，克服"信息孤岛"现象，就必须形成统一的技术标准和规范。建立并推广这样的标准，首先需要解决新闻信息的组织、管理、存储、分类、共享等技术问题，形成既与国际接轨，又符合中文特色的多媒体新闻信息技术规范；其次，需要技术指导、财政补贴、政策扶持等管理举措，在全国的主要报业集团广泛推广；最后，要大力支持发展报业中介协会，通过民间中介组织或机构，进行有效的协调，尽快推进统一的技术标准和协议。从政策法规层面看，仅仅是一个报业组织结构的转型就可能涉及一系列政策法规壁垒。我国实行条块分割、多头多层的传媒管理体制，报纸、广播、电视、网络、电信、新闻内容分属不同的管理系统掌控。报社组织结构转型，形成融合型产品生产机构和跨媒介组织形态，必然触动不同机构的利益。这需要在产业政策资源供给上，首先释放一定的有利于媒介融合持续推进的自由空间。作为国有媒体的传媒组织，其组织结构实质是组织运行的制度结构和权力结构、利益结构。调整组织结构是要对组织内部的既有制度、权力与利益进行重新配置，势必诱发多种利益的冲突与博弈。此外，管理壁垒、版权壁垒的克服，也需要政府整合目前数字报业发展所涉及的电信、新闻传媒、网络等多头监管机构，形成全国统一的数字传媒监管机构。设立统一的数字传媒监管机构之后，可以从机构设置、法规制定、管理规制等方面，形成系统的适应媒介融合规律和要求的产业管理与规制机制。当然，这种新的规制机制，既要兼顾对于数字报业的有效管理，更要兼顾传播组织和公民传播者自由权利的平衡保护，还要兼顾对新闻事实的核查和客观、真实传播的保障。

中国报业的比较发展优势[*]

  虽然互联网络勃兴和读者资源、广告资源持续流失的达摩克利斯之剑已经高悬报业头顶十几年，导致中国报业生存空间逐步缩小，但迄今为止，报业似乎依旧是中国传媒业中颇富生机和活力的一大板块。尤其是经历了 2005 年"拐点"后的报业坚挺发展，令人瞩目。对此，有人称之为"恢复性增长"，有人称之为"全面复苏"，有人称之为"黄金时代的持续"，有人认为报业依旧"阳光灿烂"，也有人认为是"回光返照"。事实上，在报业的人本化、数字化、市场化转型战略持续推进的今天，中国报业的优势或许犹在，但已经不完全是纸报传统优势的延伸，而是转型战略实施过程中重新构筑的比较发展优势。这种新的比较发展优势，是报业以适应数字化时代传播环境与市场环境变化而绝地反击转型突围的结果。这些基于报纸新闻报道特性的比较发展优势，既表现为主流化转型报纸的内容创新优势，又表现为传媒市场化进程的领先者优势和媒介融合拓荒者的优势。

一

  报纸"不论是指纸的还是网络的（电子）都没有关系，关键在于利用时代产生出来的新媒体发挥报纸的强项"（中马清福）。

---

[*] 发表于《中国报业》2011 年第 4 期，《新华文摘》2011 年第 13 期全文转刊。

那么，什么是报纸的强项？传统意义上理解的报纸是"一种出版物，通常以纸的形式出现，为了一定的发行量而出版，并且在短暂的时间内间隔定期出版，内容包括当前事件的消息和大众感兴趣的新闻"（皮卡特等）。这仅仅是从报纸的纸媒形态的角度对报纸进行的界定。除了纸媒形态之外，报纸还有一个非常重要的因素，就是纸上所附着的文字与静态图像符号。"报纸的强项"只能从报纸自身的特性中去寻找。首先，报纸是一种通过时间链条揭示世界发展与联系的媒介。麦克卢汉认为："日报是一个有趣的例子，足以说明这个事实。报纸中的条目完全是非连续的、没有联系的。唯一的整合一体的特征是报头的日期。读者必须通过这个日期，就像爱丽丝穿过那面神奇的镜子一样。如果不是今天的报头日期，我们就走不进今天的事情。一旦通过这个日期，读者就会卷入许多条目之中，他就必然要撰写一个情节。"也就是说，只有通过时间的链条，报纸才能显示出所表达与反映的世界的发展与联系。因而，从横截面上看，报纸显示的世界是零乱无序的；但是从纵向演进的轨迹来看，我们置身的世界又是有规律可循的。其次，报纸承载的文字符号，直接建构人们的思维方式。"人进行思考，用的是符号而不是物体，这种思想过程也超越了具体的经验世界，进入概念关系。……文字极大地提高了抽象思维的能力。"伊尼斯的这一看法，被麦克卢汉做了正确的延伸。文字符号系统是一种抽象概括、横向组合、连续性的、逻辑性强的线性传播代码。它既是分割的、线性的，又是一致的、序列化的、连续的。文字是空间的线性展开，它成为可以看得见、摸得着的外在客体。人们在感知文字讯息时，视觉器官必须对符号进行线性的逐行扫描。因此，在麦克卢汉看来，"文字使理性生活呈现出线性结构，使我们卷入一整套相互交接的、整齐划一的现象之中。"报纸以逐行逐页的方式展示了一个严肃而有序的世界，促成了人的理性思维的建构。新闻报道的深度分析、解释能力，就是这种理性思维的传播呈现。再次，报纸在现代社会展示出整合思想、引领舆论的巨大功能。塔尔德强调："我们永远不可能知道，也不可能想象，报纸在多大程度上改变了个人谈话，既使之丰富多样，又抹平其差异，使人们谈话在空间上整合、在时间上多样化；即使不读报，只和读报者交谈的人也会受到影响，也不得不追随他们的思想，一支笔足以启动上百万的舌头交谈。"报纸之所以具有如此巨大的功能，关键在于其新闻报道的设置议程，"使人们的交谈在内容上统一，使交谈更加活跃，使之空间上异质、时间上多样。每一天早上，报纸都给他们各自服务的公众提供当天的谈资。"因而，报纸的勃兴大大加快了社会的民主化进程。这一点，无论是传播学者还是政治学者都有清楚的认识。塔尔德认为，在社会民主进程的初期，"报纸兴起之后，议会拥有主权；报纸兴起之前，议会从来没有想到要伸张主权。"而在民主政治整体建立起来之后，"报纸的能力可使政治家的言论直接达到全国人民，并且能使立法行政的官吏常常处于人民眼光所及的地方。新闻纸自己虽然是不负责任的，但是它能够使一切做公务的人，不得不负责任。"因此，报纸的特质并不在于它的"纸"，而在于它的以文字符号操作为主的"报"，报纸的力量来自于它报道的客观、真实和公正、深刻。而对信息进行深度处理，揭示真相，描述事实的本来面目，提出独家观点，设置议程，整合民意，引导舆论，更是报纸优于其他大众传媒的地方。

二

中国报业的比较发展优势之一，首先表现为一部分主流化转型的报纸探索了基于报纸新闻报道特性的内容创新，提升了报纸的影响力。大约从 2000 年前后开始，一批发展态势较好的都市类报纸瞄准我国报业市场高端报纸缺位的实际，走主流化转型之路，开始构建中国传媒市场的高端报纸类型，从而铸造报业的内容创新与影响力提升的优势。所谓主流化转型强调的是成长性良好的一批都市综合类报纸，根据中国社会结构的变化和高端社会阶层正在形成的现实，按照主流报纸的特质实施整体突变，适应高端读者市场的要求，脱离原生态都市报的市民报发展模式，追求成为权威性、公信度、市场份额都最高的主流大报。《成都商报》《楚天都市报》《钱江晚报》《广州日报》《南方都市报》《华商报》《新京报》《北京青年报》等报纸，已经开始呈现主流化转型的内容竞争优势和较大的影响力。这一优势，大体上体现在如下四个方面。

第一，生产高品质的新闻，做信息爆炸时代的领航者，凸现报纸媒介的公信力。办主流大报，就意味着以"理性观察、建设性视角为出发点，来报道新闻，不冲动、不破坏、不媚俗、不虚伪、不偏激、不炒作、不盲从、不骄傲，以务实、开放、求证的心态冷静观察社会走势，以建设性的视角来报道一切值得报道的新闻"（《纽约时报》刊首语）。主流报纸影响力根源于其以新闻专业主义态度，勇于担当社会责任，深刻地关注和记录社会上正在发生的和形成的历史。它们的办报理念或者品牌核心价值观念，能够展示出报纸基于推动社会的进步、文明的进化、历史的发展而承担的社会公器的使命。《广州日报》的"追求最出色的新闻、塑造最具公信力媒体"，《新京报》的"负责报道一切"，《成都商报》的"创新、务实、理性、开朗"，《楚天都市报》的"责任媒体，百姓情怀"，《华商报》的"奉献最有价值的新闻和信息"等办报理念，都彰显出主流大报的风范和追求。

第二，内容产品适应目标读者细分化和再细分化的需求而不断创新。凡是发展态势良好的报纸，都在核心内容产品的创新方面有自己的"撒手锏"。例如，基于内容产品完善以及目标市场拓展的双重考量，从 2006 年以来，《广州日报》采用"导读与索引"对厚报进行导读，帮助读者进行选择，并先后尝试推出《广州日报·社区报》《广州日报·大学生报》以及包括《理财周》《健康周》《休闲周》《娱人周》《时尚荟》在内的周末版等新产品。而在采编方面，该报适应读者市场的进一步碎片化的实际，采用"浅阅读＋专题"新采编理念，强化"原创专题"，既凸显互联网背景之下报纸的本质优势——深度、权威，又从版面编排、版面语言方面重视"浅阅读"。再如，《成都商报》在最近几年的持续改版过程中，着力创新版面和产品形态。在 2004 年推出《岷江评论》《盖碗茶》《镜头》《社区》《求学》全新版面，丰富新闻内容和新闻形态，提升文化品位，尽最大努力满足读者摄取信息的需求。在 2006 年推出平日版的"城西南·最头条""城西南·全帮办""城西南·传消息""城西南·你我他"或者"城西北·最头条""城西北·全帮办""城西北·传消息""城西北·你我他"等极有街巷特色的深度社区新闻产品，开发"城事 e 闻""视听新闻""读者 DV 直击新闻"等版面或栏目互动新闻产品。而在 2010 年，为适应成都市民的周末休闲阅读需要，又创办了《大周末》专刊，设置"名流生活""花鸟鱼宠""不亦乐乎""花花视界""国家地理""艺术生活""边走边吃""我问你答""打碟淘碟""太太做主"等专版。正是这样的一些创新的产品，把变化中的核心读者牢牢黏着在报纸上。

第三，设置城市生活议程，从"社会守望"者转型成为"社会对话"组织者。例如，《成都商报》的要闻版有意识地关注国内外重大话题、重大现象、重大事件。仅仅在 2007 年，它们对黎以战争没有赢家的报道、对成都的企业和公司的报道、对天价油画拍卖的独家点评和报道，都成为其他媒体转发的对象。它们的社会新闻，讲究从伦理、道德的视角推进社会的进步；它们的专刊在坚持周到的服务、热闹的版面氛围外，注重内容的可读性和权威性。尤其是 2009 年以来，《成都商报》围绕成都构建世界现代田园都市的发展战略，在成都市政府与市民之间，充当"社会对话"的组织者；他们研判教育、经济、消费、证券发展趋势，设置专刊专版，影响核心读者的生活方式和消费方式。这些议程设置活动，极大地提升了报纸的影响力和公信力。《广州日报》的核心产品生产，采取"闪电战""遭遇战""阵地战""超现战"等报道方式，持续设置目标读者的生活与思想议程。"中国经济 50 人论坛""全球次贷风暴大扫描""香港回归高端访谈""日本经济泡沫启示录""奥运报道编辑部前移""进军全球奥运城""即将消失的岛国"等一组组专题性报道，有效引导了目标读者的思考与关注重点，不断地"影响着有影响力的人"。

第四，整合圈子媒介，凸显媒介融合时代报媒的公共性价值。媒介融合时代的重要特征之一是媒介多元化和受众碎片化、圈子化。掌控在公民记者手中的圈子媒介如博客、微博、论坛、QQ，固然可能在与事件发生几乎同步而适时传播新闻事实要素，但另一方面圈子媒介之内的喧嚣、热闹与偏狭，则可能导致圈子自身同声相求、同气相求的"孤立与绝缘"，导致新闻传播"对公众负责""对历史负责"的专业精神的缺失。喻国明认为，这就需要包括报纸在内的大众传媒充当不同圈子之间的"合意空间"，成为纷繁信息的统合者和权威意见的提供者，以凸显大众传媒的公共性价值，沟通不同圈子传播，公正表达事实真相，平衡不同圈子的利益、情绪、意见。事实上，今天的报纸正在充当圈子媒介的整合者角色。报纸的记者、编辑通过自己的博客、微博等圈子媒介的操作而充当公民新闻运动中的汇聚与整合信息的"信息节点"；报纸的评论版和个论版的勃兴，则是报纸在担当社会公共空间的构建者与社会利益、社会意见和社会情绪平衡者的角色。

三

中国报业的比较发展优势之二，表现为中国传媒市场化进程中的领先者优势。从 20 世纪 80 年代开始，中国报业一直引领传媒业的市场化进程。较之于广电产业、期刊业、网络业，中国报业在广告经营、内容售卖、集团化运作、资本市场运营、品牌战略实施等市场化探索方面，充当着中国传媒市场变革的先遣队和拓荒者。迄今为止，传媒市场化进程领先者的优势依然为报业所保持。我国已经建成的 49 家报业集团，虽然良莠不齐，甚至也存在治理结构、盈利模式等各种问题，但较之于以其他媒介为主体形成的传媒集团，报业集团无论是数量还是质量上，都略胜一筹。一部分传媒市场的开拓者，在市场运行机制、品牌战略实施、市场主体打造等方面的创新与开拓，进一步强化报业的这一市场化转型领先者优势。

在市场运行机制创新方面，报纸走在整个传媒行业的前沿。无论是《华商报》《广州日报》，还是《成都商报》《京华时报》，一批报媒的市场运行机制创新探索，不断拓展着传媒行业的市场机制构建进程。最早实施集团化探索的《广州日报》，自 1996 年以来，连续 16 年保持了中国大陆单张报纸广告收入第一的荣誉。其"秘诀"在于紧紧抓住内容、发行、印刷、广告、品牌和团队这些"市场魔方"的六面体，基于市场的系统创新，根据市场的变化和竞争的需要不断地扭动"魔方"，从而形成不同的创新组合，"招招创新、步步领先"，以应对变化、发现契机、掌握主动、搏风击浪，在激烈的市场竞争中长期占据了报业的潮头。《华商报》在采编分开的前提下，实行全员聘用制、广告代理制、跨地区办报、走出国门办报，并形成了"四个一"的市场"秘籍"：有一位难能可贵、不可多得的报社"头人"，有一条比较彻底的市场化路径，有一个凝聚人心的根本性体制，有一种团结协作的企业文化价值理念体系。《成都商报》从 2003 年开始就多方面创新市场运行机制：一是异地办报，实施品牌延伸。它们在上海主办的《每日经济新闻》已经成长为中国最好的财经媒体之一。二是控制发行总量，提升有效发行量。从 2005 年开始，该报的总发行量控制在 60 万份以内；2007 年随着城市化进程加速城市人口增加，允许发行到 65 万。迄今为止，成都商报的有效发行量，大约在 78 万份。三是全媒体拓展。他们做周刊、办杂志、办网站，利用《成都商报》品牌影响力，孵化一批小媒体，探索更精准、更清晰的盈利模式，在目标市场寻求新的扩张。《京华时报》采取引入国有商业资本、延揽职业报人、建立有限责任公司的经营管理模式等市场举措，从一张行将没落的机关报转型走向主流报纸。吴海民曾用木桶理论来概括《京华时报》的影响力提升与营销的"秘诀"，即：观念、市场、定位、资金、团队、机制、产品、行销、广告、博弈、公关、战略构成"京华木桶"的十二个板块，战略选择、制度安排和企业文化塑造则是将上述板块箍紧成桶的三个圆环。

在品牌战略实施方面，形成了一些有效的品牌战略发展模式。例如，南方日报传媒集团的"龙生龙、凤生凤"的品牌优生优育、滚动发展的战略，诞生了《南方周末》《南方都市报》《南方日报》《21 世纪经济报道》等一批公信力高和影响力大的报业品牌，并以此为龙头构筑了南方报业集团的四大报系。再如，《广州日报》的品牌战略极富特色与效果。已经连续举办 20 年的"广州日报杯"全国报纸优秀广告奖已经成为中国非商业性报纸广告评选中最具权威性、公信力的专业奖项，同时也是广州日报品牌传播的利器。与此同时，在 2006 年 5 月广州日报社专门成立了品牌战略运营中心，负责"广州日报"品牌的推广与维护。最近几年，广州日报实施整合营销传播策略，高密度组织了数百次品牌宣传活动，其中既包括"新广州 大未来""航拍广东""广州新电视塔征名""10万祝福风车赠读者"等专项品牌活动，也包括"中国经济50人论坛""奥运报道编辑部前移"等巧妙"嵌品牌推广于大型采编活动"的策划。这些活动有效提升了《广州日报》的主流、权威、亲切、进取的品牌形象与知名度、美誉度和影响力。又如，浙江日报报业集团结合其"全国性、全媒体"战略的实施，导入商业咨询公司的智慧，形成"浙报集团品牌战略的整体蓝图""浙报集团的品牌战略目标""浙报集团的四大品牌体系""浙报集团的三大品牌工程""浙报集团的四大品牌平台"五个层面的核心规划，并以此为依据，探索实施整合集团内党报、市场化报纸、专业报纸、地市报纸的集团品牌战略。

在市场主体打造方面，报业是传媒现代企业制度构建的先行者。迄今为止，中国报业领域，不仅已有《成都商报》《北京青年报》《中国计算机报》《广州日报》等报纸改造成为不同类型的股份有限公司上市融资，而且已有1069家报刊出版单位转制或登记为企业法人单位；新闻出版总署批准了市场报社、现代快报社等35家中央非时政类报刊出版单位转企改制实施方案，涉及报刊171种。报业股份有限公司或者分类转制改企，正不断推进着报刊企业建立"产权清晰、权责明确、政企分开、管理科学"的现代企业制度，使之成为"自主经营、自负盈亏"的合格市场主体。

四

中国报业的比较发展优势之三，表现为媒介融合拓荒者的优势。报业是较早觉醒并主动适应媒介数字化发展环境、走上数字化转型战略之路的传统产业。无论是报网互动的初步开展，还是全媒体转型的初见成效，报业已经开始释放其媒介融合拓荒者的优势效应。尤其是在中国广电业与电信业主导的"三网融合"因利益各方内斗不止"或已夭折"的背景下，报业的媒介融合探索则呈现"风景这边独好"的态势。报业的媒介融合拓荒者的优势体现在如下方面。

第一，报网互动延伸了报纸的影响力。多数纸媒都建立了自己的网站，推出报纸的数字版面。在这些网站上，针对目标受众的需要，可以补充新的新闻内容、音频和视频内容，并把一些受制于纸媒版面无法延展的内容，通过网络传播出去，使受众的阅读体验更丰富和立体。例如，基于报纸与网络合作建立的大渝网、大成网、大秦网、大楚网、奥一网、辽一网等网站，已经成为报网互动的新媒体平台。这些新媒体平台依托纸媒，立足于将本地新闻、本市新闻、民生新闻做细做深做透而形成其较大的影响力。

第二，报业融合新闻生产流程再造与全媒体探索初见成效。尤其是 2006 年以来，进入数字报业实验室计划的报纸，从不同方面开展了融合新闻生产的流程再造试验和探索。例如，2008 年奥运会期间，《广州日报》首创"编辑部前移"的报道新模式。这一模式将编辑部整体进驻北京，报纸的策划、编辑、评论、美编、制版、校对、作图、技术、传版以及网络视频直播、手机报的编辑制作等均在北京进行"全流程"运作。又如，宁波日报报业集团率先建设集新闻采编、经营管理于一体的全媒体数字技术平台，从体制和机制上为数字化生产、传播、营销、投资和管理搭建统一平台和战略架构，实现媒介产品的多介质、多层次、多频次的生产和销售。他们已初步构建出由三层次媒介组成的全媒介系统：第一个层次包括《宁波日报》《宁波晚报》《宁波商报》《新侨报》及四家县市区报纸；第二个层次是以中国宁波网为核心的网络媒体；第三个层次是以手机报、互动多媒体报、电子纸报、户外大屏幕等为载体的新型媒体。再如，解放日报报业集团从 2006 年以来率先推行

"4i战略"，先后开发出 i-news（手机报）、i-paper（电子报）、i-mook（网络数码杂志）、i-street（公共新闻视频）等新型报纸接触终端，探索在无线、宽频、类纸、户外等新媒体领域的完整布局，加速推进内容生产和传播方式的数字化转型，拓展报纸的形态和功能边界。通过报业融合新闻生产流程再造与全媒体探索向纵深层次的推进，纸媒与新媒体的隔阂在逐渐打通，媒体融合逐步加深，报纸报道"正在发生的新闻"的能力正在提升。

正是因为主流化报纸的内容创新、传媒市场化进程中领先、媒介融合拓荒等比较发展优势，正促进着报业在新的市场环境、媒介版图中不断探索、拓展自身的发展空间。最近几年的"报业中兴"，在某种意义上可以说，其实质是报业在转型发展过程中构筑的比较发展优势的初步释放。

非时政类报刊转企改制：
2011 年中国报业发展主旋律*

一

　　尽管非时政类报刊转企改制并不是从 2011 年开始，但却是在 2011 年全面铺开，并掀起了高潮。2011 年 5 月，《中共中央、国务院办公厅关于深化非时政类报刊出版单位体制改革的意见》出台以后，非时政类报刊的转企改制工作就紧锣密鼓地遍地开花，成为 2011 年乃至 2012 年引导报业发展的主旋律。《意见》部署了非时政类报刊转企改制的"线路图"：按照不同性质和功能，非时政类报刊分期分批，陆续进行改企转制。这其中，省级、副省级和省会城市党委机关报刊所属的非时政类报刊出版单位，文化、艺术、生活、科普等非时政类报刊出版单位，专业技术性较强的行业性报刊出版单位，隶属于法人企业的报刊出版单位，则先行转制；也鼓励和支持其他非时政类报刊出版单位申请先行转制。另外，按照有利于做大做强主流媒体的要求，中央各部门、各单位所属的都市类和财经类报刊，省级和副省级及省会城市党报党刊所属的晚报、都市类和财经类报刊等出版单位，经批准可以进行转制。而在《意见》的执行层面，不仅推出了时间表，还提出了《中央非时政类报刊出版单位转制规程》。新闻出版总署署长柳斌杰在 2011 年 7 月举行

　　* 本文发表于《中国报业》2012 年第 1 期。

的全国新闻出版局长座谈会上表示，新闻出版体制改革已进入深水区，推进非时政类报刊出版单位体制改革，是 2011 年新闻出版体制改革的核心工作；他还明确提出，要在 2012 年 9 月底前全面完成转企改制任务。另外，为保证非时政类报刊转制工作顺利进行，2011 年 8 月，非时政类报刊出版单位体制改革工作联席会议办公室制定出台了《中央非时政类报刊出版单位转制规程》，供中央各部门各单位推行非时政类报刊出版单位转制工作时参考。这一规范性文件，从成立报刊出版单位体制改革工作领导小组，制定转制工作方案，清产核算、财务审计和资产评估，国有资产管理，建立法人治理结构，注销事业单位法人与办理企业登记注册，人员安置和劳动关系调整，享受税收优惠政策等八个方面，提出了推进非时政类报刊转企改制的思路和措施。全国现有非时政类报刊 6000 多家，其中，已经先行改制了 1251 家。根据改制的"线路图"和"时间表"和试点的经验，从 2011 年 5 月开始，全国 5000 多家非时政报刊转企改制工作轰轰烈烈地开展起来。2011 年 5 月 8 日，新闻出版总署下属的中国新闻出版报社也率先改制成立"中国新闻出版传媒集团有限公司"。目前，北京、湖南、湖北、宁夏、四川、山东、海南、山西、江苏、辽宁、重庆等省市的非时政类报刊改企转制工作正在如火如荼地持续推进。

二

非时政类报刊转企改制是推进报业改革和市场化进程的必要环节，更是构建传媒大市场、培育市场主体的关键举措。1978 年以来，我国报业组织的试验性创新与变革，呈现出如下轨迹：从纯粹的宣传事业单位，到事业单位、企业化管理的双重属性，再到企业化、事业化并重（引入市场机制），进而演化到集团化、规模化、集约化发展。在部分报刊由纯粹事业单位向企业转型探索的过程中，报纸的种群形态，也由过去的单一党报，分蘖、演化而形成今天的党报、晚报、都市报、市场主流报和公共类报纸多元种群竞争的格局。另外，从报业总体来看，虽然报刊数量众多，但大多数报刊实力过弱、规模过小的问题非常突出；在一些基于行政力量而形成的报业集团或传媒集团内部，非时政类和公益性的不同类型的报刊混搭杂糅，既不利于党报舆论引导能力的发挥，也不利于有一定市场化程度的非时政类报刊的活力释放。因此，构建报业大市场，培育市场主体是报业改革与发展的重要议题。

特别是在文化体制改革的背景下，报业宏观管理部门的政策资源，一直在向非时政类报刊的转企改制、市场主体培育方面释放和引导。2003 年 7 月，以《关于深化文化体制改革的若干意见》为标志，文化体制改革试点工作正式启动。包括报刊业在内的整个文化体制改革的帷幕渐次拉开。2003 年 12 月下发的《国务院办公厅关于印发文化体制改革试点中支持文化产业发展和经营性事业单位转制为企业的两个规定的通知》中，正式启动了新一轮传媒体制改革，并将"文化产业""文化事业"和"公益性文化事业""经营性文化产业"区分开来。"两分开"为报业市场体系的发育和报业市场主体的培育释放了重要的制度资源。

2006 年 7 月，新闻出版总署出台了《关于深化出版发行体制改革工作实施方案》。该方案强调，要采取有效措施，力争通过几年的努力，支持和推动中央和国家机关所属在京的一般出版单位和文化、艺术、生活、科普类报刊社逐步转企改制。这是把非时政类报刊转企改制提到文化体制改革日程表中的重要标志。2008 年 4 月，全国文化体制改革工作会议进而提出了新闻出版业体制改革"三年三步走"的战略部署。所谓"三年三步走"即：第一步，改革国有企事业主管主办的报刊社；第二步，改革协会、学会、社团办的报刊社；第三步，改革党政机关主管主办的报刊社。尤其是在2009 年 3 月，国家新闻出版总署下发《关于进一步推进新闻出版体制改革的指导意见》（以下简称《指导意见》），明确了新闻出版体制改革的部标任务。这一目标任务是："全面完成经营性新闻出版单位转制任务，建立现代企业制度，在企业内形成有效率、有活力、有竞争力的微观运行机制；推动跨媒体、跨地区、跨行业、跨所有制的战略重组，开拓融资渠道，培育一批大型骨干出版传媒企业，打造新型市场主体和战略投资者；通过增加投入、转换机制、增强活力、改善服务，建立以政府为主导、以公益性单位为主体的新闻出版公共服务体系，使人民群众基本文化权益得到更好保障；加快新闻出版传播渠道建设，推进连锁经营、物流配送、电子商务，规范出版产品物流基地建设，形成统一开放、竞争有序、健康繁荣的现代出版物市场体系；实现政府职能的根本转变，形成调控有力、监管到位、依法行政、服务人民的宏观管理体制。"《指导意见》强调，整个新闻出版体制的改革，已走出了探索和试点阶段，而要全面铺开；改革的关键是，巩固和推广已经取得的探索成果——实现"三分一转"，即：政府和企业管办要分离，公益性和经营性出版单位在管理上要分类，采编业务和经营性业务要分开，改革的核心是转企改制。凡是经营性出版单位要通过改革，全面完成转制任务，建立现代企业制度，实现产权和人员身份的置换，在企业内形成有效率、有活力、有竞争力的微观运行机制。2010 年 1月，新闻出版总署党组会议讨论通过的《报纸期刊质量综合评估办法（试行）》，又为报刊实行退出机制提供了基准。当年，国家新闻出版总署在中央单位所属的 220 家报纸、2600 多种期刊中划分实行事业单位的报刊社和改制为企业的报刊社，推动非时政类、非公益性报刊出版单位完成由事业单位向企业法人的先行改制。因此，截至 2010 年 12 月底，大约有总量的 1/6 的非时政类报刊完成了转企改制。因此，2011 年年度内着力推进的非时政类报刊大规模转企改制，只是按照既定的"线路图"和"时间表"，贯彻执行《指导意见》的精神，全面推进新闻出版体制改革。

三

非时政类报刊的转企改制也将是 2012 年上半年报业发展的主流。不过，就非时政类报刊转企改制的进程来看，有两个方面重要"变量"值得注意：一方面，我国的报业市场尚处于构建过程之中，报业市场环境与市场运行机制等都需要进一步建立健全；另一方面，正在强力推行的转企改制本身作为文化体制改革的一部分，在某种意义上是自上而下开展的。一些市场化程度较高的报刊，或许已经先行试点、先期改制，主动转型努力成为市场主体。而目前处于转企改制过程中的大部分非时政类报刊，长期作为事业单位而运行，养成了深厚的"事业惰性"。它们自身转企改制的积极性可能并不高，只是在大潮涌动之时别无选择，被动转身。因此，伴随着非时政类报刊转企改制的大面积铺开和向深层次推进，在报刊业市场整体、报刊组织的不同层面，还有一系列的重要问题有待解决。

从报刊业市场的整体看，需要解决的主要问题有：第一，构建全国统一的报刊业大市场。传统的依据行政区划差序格局配置新闻出版产业资源、分割市场的格局还没有被打破。虽然传媒跨地区经营探索等试验举措有利于打破地区壁垒、形成全国统一的报刊业市场，但因其在 2005 年前后被强制叫停，导致报刊业市场至今依旧分割，报刊只在自身隶属的行政区划所属一亩三分地里"施展拳脚"的局面尚未根本改变。市场的分割和行政碎片化，严重限制了报刊自身市场活力、竞争力的培育和释放，严重制约了报刊业的竞争与合作，影响了报刊业的集约化、规模化发展。因此，打破行政壁垒，拓展报刊业市场空间，构建全国统一的报刊业大市场已经成为推进报刊转企改制、培育市场主体的前提。第二，构建报刊业市场体系。近年来，随着报刊业准入和退出机制、报刊业经营的改革探索，促进了部分报刊自觉按市场要求，对市场进行细分，对产品进行定位，主动适应目标读者的需要。虽然这些改革探索在一定程度上推进了报刊市场体系的发育，但是，报刊业市场体系还远远没有发展并健全起来。转企改制以后的报刊企业，要依靠自身的核心产品的公信力、影响力、传播力而赢得市场，这就要求报刊业市场的内容产品市场、资本市场、劳动力市场、生产资料市场等子系统，渐次构建，配套发展。第三，优化产权结构。报刊业产权结构单一，必将严重地制约转企改制以后的报刊企业的发展。虽然先行试验的一部分报刊，尝试了直接注册为企业法人，或者由多家国有企业法人注资成立新的企业法人等形式，导入了大量的业外国有资本，但行业整体产权结构单一的问题依然存在。产权结构单一，不利于报刊企业建立科学的生产流程和管理模式，不利于报刊企业对传播市场做出及时、灵敏的反应，不利于报刊企业资源的有效配置，不利于报刊企业产权约束与激励功能的有效发挥。鉴于非时政类报刊的特点，优化报刊业的产权结构，建议导入网络传播业的多元产权结构模式，允许新闻报刊出版股份公司的部分高管个人持股，允许导入部分安全的民营资本。以期为转企改制后的报刊企业做大做优做强和报刊产业集群的规模化发展，提供产权动力。

从报刊组织的层面来说，转企改制不仅仅是非时政类报刊出版单位身份的变化，实质是从外在生存环境到内在运行机制的彻底变革。在前期的试验探索过程中，一些市场先行者已经积累了一定的经验和教训。不仅已有《成都商报》《北京青年报》《中国计算机报》《广州日报》等报刊改造成为不同类型的股份有限公司上市融资，而且已有 1069 家报刊出版单位转制或登记为企业法人单位。这些报刊的探索表明，非时政报刊的转企改制，就是要成为报刊业有限责任公司或股份有限公司，建立"产权清晰、权责明确、政企分开、管理科学"的现代企业制度，使之成为"自主经营、自负盈亏"的合格市场主体。因此，报刊出版单位从事业单位改制转型为市场主体，既是报刊组织制度的变革，又是运行机制、发展战略的巨大转型。而要完成这一转型，并且形成"有效率、有活力、有竞争力的微观运行机制"，至少需要解决如下问题：第一，克服"事业惰性"。这就要求报刊企业必须"创新体制、转换机制、面向市场、增强活力"。第二，建立现代企业制度。现代企业制度的主要内容包括企业法人制度、企业自负盈亏制度、出资者有限责任制度、科学的领导体制与组织管理制度等不同方面，但核心是明晰产权关系，建立公司制企业，并构建包括股东会、董事会、监事会和经理层在内的公司法人治理结构。第三，构建市场驱动的企业运行机制。企业的动力，来自市场。转制后的报刊企业要基于目标读者需要和市场驱动，从报刊企业核心内容生产系统、经营系统、人事系统、技术创新系统、财务系统等运行过程中各子系统及系统整体，形成的决策、激励、约束和发展创新机制。这样，报刊企业才可能成为自主经营、自负盈亏、自我约束、自我发展的市场运作主体。第四，在发展战略选择上，报刊企业要集纳、聚合中国社会转型与经济发展过程中所释放的有利于传媒发展的人本化、市场化、数字化、国际化四大战略走向的各种资源，进行市场细分和目标市场的定位，寻找自身的战略方向。在此基础上，锻造报刊企业的核心竞争力和市场竞争优势。

渐进性演变，还是激进性变革？

——我国报业数字化演变轨迹的思考*

如果把 2005 年作为中国报业数字化战略进程正式启动的起点的话，迄今为止已经推进近 7 年。基于"数字优先战略"思路，中国数字报业实验室计划在 2007 年 6 月、2009 年 1 月两次推出共计 75 个数字报业创新项目，从报业数字化平台、报纸网站、电子商务、电子阅读器、多媒体数字报刊，到户外数字媒体、手机报、手机二维码、移动采编系统等多个方面，不懈推进着报业数字化的探索。不过，由于报业的数字化进程是一个较长时段的十分复杂的产业演进过程，在短期内难以呈现出力挽狂澜的实效，加之互联网等数字媒介的迅猛发展使报业在中国媒介产业格局中的颓势日渐显现。这导致目前学界和业界，均不同程度地出现了一些对报业数字化进程的怀疑、懈怠与"创新疲劳症"。尤其是在最近半年间，学术界出现了几种观点，似乎很有趣：有人从版权保护的角度，提出"撤掉电子版，以拯救报纸"；有人借用发展经济学"适当的技术"的范畴，提出要"适当数字化"；有人从媒介发展分化趋势着眼，认为"全媒体"是个伪命题，提倡纸报与数字媒体"分化"发展；有人则认为，纸媒体和很多被网络和数字媒体冲击的传统媒体，如果不变革就像在慢慢加热的水里的青蛙，对自身的灭顶之灾浑然不觉。业界的数字化探索，也开始出现因看不见明天而徘徊观望、犹

---

* 发表于《中国报业》2012 年第 8 期，中国人民大学报刊复印资料《新闻与传播》专题 2012 年第 11 期全文复印转刊，《新华文摘》2012 年第 24 期观点摘编。

豫不决的情况：一些依靠红头文件"发行"或者财政补贴而"超市场生存"的报纸，依旧在传统的运行模式中浑浑噩噩度日；一些实施了数字报业实验室计划项目的地方报纸，似乎停滞于实验；一些半市场化生存的报纸刚刚开始数字化探索试水，但左右观望；一些陆续转企改制依靠市场而生存的报纸，对数字报业的发展很有期待，对全媒体的探索十分热心，但也还未看见有效盈利的曙光。无论是学界的莫衷一是、众声喧哗，还是业界的徘徊观望、犹豫不决，其背后，则不同程度地涉及对媒介融合进程中中国报业数字化演变轨迹认知的模糊。如果不能清楚把握中国报业演变的轨迹及走向，则可能导致中国报业数字化演进半途而废或者误入歧途。

一

报业数字化进程是基于数字技术的创新与扩散而诱发的报业演变。对它的轨迹的分析与把握，需要导入产业演变的理论资源来展开。安妮塔·M. 麦加恩所提出的产业演变四种轨迹的理论，为我们提供了观察和分析中国报业数字化演进轨迹的框架与方法。

从产业发展与演变的角度来看，产业演变大体上可能有四种轨迹，即渐进性演变、创新性演变、适度性演变、激进性演变。渐进性演变，指的是产业的核心经营活动与核心资产相对稳定，产业在原有基础上继续向前发展，需要在较小的范围内进行变革，通过对产业的基本模式和方法的不断创新、逐步完善来提高企业的运营效率。创新性演变，意味着虽然产业的核心资产面临受到淘汰的威胁，但核心经营活动并没有受到威胁；相关产业与顾客和供应商的关系还保持相对稳定，需要对产业的核心资产进行较大的创新。适度性演变强调的是，新的形势对产业核心经营活动构成威胁，并随之危及公司与顾客和长期供应商的关系的情况下，产业的核心资产虽然并未受到威胁而面临淘汰，但需要管理者找出保留并增值原有资产的方法，发展全新的关系模式。激进性演变则指的是，当新的形势对某一产业的核心资产和核心经营活动均构成威胁时，产业的核心资产与核心经营活动都需要重新构建。

判断产业演进轨迹的主要指标主要是看两个方面：核心经营活动与核心资产是否受到威胁。所谓核心经营活动是指能够让供应商更愿意交易、顾客更愿意支付的可创造价值的重复性经营活动；所谓核心资产是指包括有形资产和无形资产在内的使企业更有效率地从事核心经营活动的持久性资产。这里的"威胁"往往来自新科技、全球化、顾客偏好以及其他因素将会带来的不同程度的变化。根据产业的核心经营活动与核心资产是否受到威胁，产业演变的四种轨迹如表1所示。

表1　产业演变轨迹

核心经营活动	核心资产	演变轨迹
受到威胁	受到威胁	激进性
未受到威胁	受到威胁	创新性
受到威胁	未受到威胁	适度性
未受到威胁	未受到威胁	渐进性

资料来源：转引自〔美〕安妮塔·M. 麦加恩著《产业演变与企业战略》，孙选中等译，商务印书馆，2007，第16页。

目前正开展的中国报业数字化进程，是激进性变革，还是渐进性演变？对这两类轨迹的研判，不只意味着报业组织具体应对策略的不同，更意味着战略选择的差异与报业是否还有明天。

我们认为，媒介融合进程中的中国报业数字化的演变轨迹，不是渐进式的改良，不是适度式的优化，也不是一般的创新式变化，而是激进式的变革。根据在于，基于数字技术的传媒新技术的创新与扩散，正彻底改变着报业的核心经营活动和核心资产；报业的核心经营活动、核心资产均遭受到了毁灭性"威胁"，都需要在媒介融合的进程中重建。由传媒新技术的突破性进展所驱动的这场变革，不仅仅导致传统报业的顾客偏好发生巨大的转变，报业原有供应商的能力变得过时，而且报业的内容生产、广告经营与出版发行、报社组织的结构等核心经营要素，都正在适应数字技术的创新与扩散所释放的新的机遇与挑战，而进行革命性变革、架构性重构。报业的核心资产面临的威胁更大。报业读者的持续流失、纸媒职业新闻人的流失、广告资源的流失，甚至无形资产的流失趋势愈演愈烈，至今难以遏制，以至于有人感慨"旧媒体在新舞台上死亡"。

仅仅从读者变化一个层面来看，有三点变化趋势促使传统报业必须适应市场和用户偏好、媒介接触方式的变化：一是读者的持续流失成为制约纸报中兴难再的天花板。据央视 CTR 的调查数据，2001 年报纸的到达率为 71.2%，2010 年下降为 66.9%，2011 年则大约为 65%。虽然在年代比较的范围内，似乎下降不多，但另一方面却是互联网的网民规模迅速膨胀。在可比较的相同年代内，网民的绝对规模从 2001 年的 2650 万人，迅猛提升为 2011 年年底的 5.13 亿人。二是传统的媒体分界正在消失，媒体和受众的外延正在拓展。媒介融合的深度推进，正消融着媒介的边界。尤其是随着平板电脑、智能手机等移动终端的出现，传统的媒体分界正在日益消失。在 iPad 的世界里，无论是报纸、杂志还是互联网媒体，它们都有视频、音频、文本、社交媒体和图片等融合型表达方式，各种媒体之间的界限逐渐变得模糊。随着媒体间的界限变得模糊，媒体也开始转变角色：媒体延伸为一种服务，为受众提供文字、图片、音频、视频、社交平台以满足其需求；而受众则化身为用户，不再是被动地接收单一介质媒体的信息"受众"。三是 20 世纪 80

年代、90年代的"网生代"已经开始成为传媒消费主体。"网生代"是在"比特浸泡中"成长的，互联网属于他们生活中不可或缺的要素。他们的生活方式和媒介使用方式可能带来传统纸报广告支柱的坍塌。有人认为："几年前，当业界讨论新媒体时代报纸的趋势时，报纸广告并没有受到明显的冲击，因为那时'80后'还没有进入消费主体，而现在以至未来5～10年则不同了，'80后'已经成为消费主体，'90后'也将步入消费主体。'80后''90后'的媒体接触习惯已经发生了巨大的变化，他们是在网络时代成长起来的，远离传统报纸成为趋势。到了他们成为消费主体、成为社会主流时，报纸的命运大概就不说自明了。"[①] 这些观点，值得充分注意。特别是在网络社交媒体大行其道的今天，如何透过社交媒体拓展自身的生存空间延伸价值，已经成为报业的数字化生存的应有之义。如果报纸媒介不能为今天的新型用户创造价值，它必然自行贬值，自我边缘化。

因此，我们说报业演变的轨迹是激进式变革。这一点在美国报业目前的演进过程中表现得非常清楚。由于经济危机的雪上加霜，从2008年到现在，美国已有200多家报纸资不抵债，难以维系。也有一些报纸，如《西雅图邮报》《基督教科学箴言报》等在2009年直接关闭印刷版的生产，转而经营网站。特别是当"6年战胜了100年"的《赫芬顿邮报》这一由网络写手缔造的新媒体帝国能够荣获2012年美国普利策新闻奖的国内报道奖的时候，我们不能不注意到："一个新的、多样化的新闻业已经出现在地平线上，报纸正处于一个长期性的结构变化的初始阶段。"[②] 目前的《赫芬顿邮报》正从地方化和全球化两个向度开疆拓土：《芝加哥

---

① 姚林：《2009中国报业：挺过危机，阴霾未散》，《传媒》2009年第12期。
② 湖泳：《报纸已死，报纸万岁》，《新闻记者》2011年第11期。

赫芬顿邮报》《纽约赫芬顿邮报》《洛杉矶赫芬顿邮报》等多种地方版已经全面铺开；英国版的《赫芬顿邮报》、法文版的《赫芬顿邮报》也已问世。当然，中美之间社会发展水平也是有巨大的差异。有论者指出，中国社会城市化进程的加快、社会老龄化的加剧、经济发展模式向消费拉动的转型，都可能为报业带来持续增长的空间与机会。① 这些观点，从目前中国社会发展叠加现代化进程中的多重社会变迁的角度来检视报纸的读者、广告资源的增加空间，是有道理的。甚至在一定程度上，也能解释为什么今天的美国传统报业江河日下，但中国的纸报依旧存在一定的比较优势和增量空间。不过，这个观点同样可以说明，在数字报业的转型激进性演变过程中，中国报业正在经历的"趋近"阶段，也许比美国报业的相同阶段稍长一些。中美数字报业发展状态的差异，不是演进轨迹的不同，而是在同一激进性演变轨迹之下，不同演进阶段的差异。

二

激进性演变最终为产业结构带来巨大的不可逆转的变化，这个变化过程可能需要几十年。其间，将先后经历"新兴""趋近""共存""支配"四个阶段。新兴阶段强调的是产业的威胁在那些较小的、有重要战略意义的细分市场出现的阶段；趋近阶段则突出的是在产业新模式下经营活动得到了更为高效的组织之后，对产业老模式的威胁增大了的阶段；共存阶段指的是产业的新老模式之间竞争的升级和紧张状态的加剧阶段；支配阶段凸显的是产业必须按照新模式来为目标用户创造价值。

---

① 陈国权：《新媒体拯救报业?》，南方日报出版社，2012，第213~216页。

如果把中国报业激进式演变划分为"新兴""趋近""共存""支配"四个阶段的话，这一激进性演进的"新兴"阶段，大体上是在互联网在中国发展的初期，即 1987～2004 年十几年间。"新兴"阶段的非常重要的特征在于：来自新技术、顾客的"威胁"在那些较小的、有重要战略意义的细分市场出现。互联网沿着"科研机构—大学—社会"这样的路径实现创新与扩散，在中国大陆已经走过了"四步"发展：1987～1994 年，互联网的应用范围仅仅局限于科研机构和大学校园；1995～1998 年，互联网逐步向社会开放，传统媒体纷纷创办网络版；1999～2001 年，人民网、新华网等全国性新闻网站和新浪、搜狐及网易等商业门户网站的兴起；2002～2004 年，博客以及网络社区、网络视频等的不断发展，推进互联网进入规模化、多元化、个性化发展的 Web 2.0 时代。当时，虽然传统报业不一定直接感受到了这种威胁，但"威胁"自身正在茁壮成长，而且给予传统报业的核心经营活动和核心资产带来了淘汰性威胁。一些业界敏感的人已经捕捉到了"威胁"来临的信号。早在 1998 年，有两个声音异常振聋发聩：中国的网络媒体评论家孙坚华的一篇文章的题目是那样的触目惊心——《互联网：报纸的杀手还是救星？》，而远在大洋彼岸美国的年末的 NAA（美国报纸协会报纸经营管理者大会）发行人大会上，小苏兹伯格请求比尔·盖茨收购《纽约时报》。有人不无尖刻地评论说："这是传统媒体向数字媒体发出的第一声哀鸣。"

"趋近"阶段的到来，是 2005 年报业广告增长"拐点"的凸显。由吴海明等人发出的"报业寒冬论"这一盛世危言，警醒了报业梦中人。报人猛然回首，才发现互联网平台，已经呈现出改变一切的态势，传统报业的高速增长期已经过去，报业盛世似乎难再。因此，以 2005 年为界，中国报业数字化进入了激进式演变的

"趋近"阶段。也正是从那个时候开始，中国报业数字化战略由国家新闻出版总署主导而启动。不过，中国"报业数字化转型"是一种报业渐进式演变的战略构想，是对前十年积累起来的报业网站、报网互动等新策略的升级和拓展。它的前提是传统报业的经营活动受到了威胁，但核心资产没有受到威胁。例如，报纸的内容生产优势、深度报道优势、品牌影响力优势等一直是这一战略力图延伸的"报业优势"。这只是当时主要从报业自身看问题的一个视角。这个视角有它的价值，但忽略了在报业激进性演变的"新兴"阶段形成的"威胁"实际上已经成长为一种新的经营模式，新模式下的经营活动得到了更为高效率的组织。而正是在"趋近"阶段，数字传媒产业的"新模式抢夺了原来传统公司的大量利润，利润开始流向新模式所支配的业务"。"传统公司往往试图与新技术建立伙伴关系，想以此获得相应的技术并与关键的供应商建立起联系。而采用了新模式的公司也会积极响应，因为他们可以通过传统公司而获得顾客。"[①] 从中国报业自身发展的实际情况来看，这一阶段报业的全媒体探索已然铺开。全国有 13 家报业传媒组织（人民日报社、南方传媒集团、浙江日报报业集团、杭州日报报业集团、成都传媒集团、四川日报报业集团、解放日报报业集团、宁波日报报业集团、烟台日报传媒集团、新安晚报社、南京晨报社、京华时报社、新闻晨报社等）推进全媒体战略布局，也形成了多种探索和实验模式，如人民日报社的"报网双核"模式、解放日报报业集团的"i 战略"终端模式、南都报系全媒体集群的"全线"模式、烟台日报传媒集团的"小通讯社"模式、宁波日报报业集团的"门户网站"模式等。这些模式，或者是发展报业网站

---

① 〔美〕安妮塔·M. 麦加恩：《产业演变与企业战略》，孙选中等译，商务印书馆，2007，第 114 页。

或建设内容的价值链延伸终端，或者是以新媒体平台作为驱动变革的动力而带动传统报业体系的变革，或者是在内容生产流程及内部结构上进行再造、重组。现在来看，报业全媒体探索的整体思路主要还是囿于"渐进性演变"的轨迹判断。事实上，在报业的核心经营活动受到结构性变化的威胁时，渐进性演变就已经结束。2005年以来，由于微博、SNS等社交媒体与移动互联网的崛起，网络信息平台用户内容生产能力和影响力大大提升。从功能上看，今天的网络信息平台除了能够对报纸、广播、电视等传统媒体进行完全替代之外，还具备新的功能，并且其用户体验远远大于传统媒体之和，正如麦克卢汉所预言的那样，"因特网是一切媒介的媒介"。这导致包括报纸在内的传统媒体在整个媒介格局中的地位日益下降的趋势难以遏制，网民创造内容的规模大大提升。从2010年上半年开始，UGC（用户生产内容）流量（50.7%）已经超过PGC（专业内容生产）流量（47.3%）。这一互联网发展趋势的变化，从媒介产业新模式的层面，彻底阻断了传统报业渐进性演变的可能，激进性变革则成为报业数字化演变的不二法门。一种不可忽视的现象是：一些报纸与以互联网企业的资本、运行机制为主导的构建的"合作"网站，可能盈利和发展情况要好得多。例如，腾讯大楚网、腾讯大渝网、腾讯大秦网等。再如，杭州日报报业集团的"19楼"网站，2011年的收入突破一亿元。社会效益和经济效益都可圈可点的"19楼"并非常规意义上的报网互动或报网融合的新闻网站，而是一个以社交媒体为主干的社区网站。它的成功，与其说是报纸网络化生存的成功探索，不如说是报人网络化生存"新思维"的成功。它全面融入互联网的全媒体、互动性、社区化、超链接、应用性和电商化等特点，充分利用社交媒体的"关系"嵌入功能，多层次嵌入到用户的生活方式之中。可能腾讯大楚网、腾讯大秦网、"19楼"等代表了一种数字报业激进式演变

"趋近"阶段新的产业模式。这一模式，在某种意义上，类似《赫芬顿邮报》的趋势。在整个"趋近"阶段，积累有关新模式的知识和创新点形成新模式的强大资产，可能成为这一阶段产业活动的焦点。中国报业数字化的"趋近"阶段可能有多长时间？这取决于新模式规模的形成。当新兴产业达到了足够的规模，并对传统产业形成压倒性优势的时候，"趋近"阶段就结束了。总体上说，中国报业全媒体的探索，以及报业组织与互联网企业的战略联盟的探索等，还仅仅是产业新模式的"知识"与创新点的积累，尚未达到能够拥抱新产业明天的"共存"临界点。

报业激进式演变的第三阶段是"共存"。在这一阶段，随着新老产业模式之间竞争与博弈的升级，紧张状态加剧，原有产业日益脆弱。这是产业转型过程中老产业模式凤凰涅槃、新产业模式强势胜出最为关键的时段。新产业创造价值的方式成为传媒市场的主导方式，传统纸报生产纷纷退出市场，或者转而完全经营新模式则是这一阶段的重要表征。虽然中国数字报业的发展尚未进入到"共存"阶段，但美国报业数字化演进，在最近几年已经进入到了这一阶段。有人整理过一份美国报纸的死亡名单，仅仅在2008年12月至2010年3月，就关闭了200家纸报。[①] 2011年、2012年，还有一批报纸关闭印刷版，或者倒闭。美国目前正在经历的报企倒闭或关闭印刷版等，正呈现出报业激进式演变"共存"阶段的典型特征。在这一阶段，报业公司不可能再回避其所在的产业结构正经历的剧烈变化，而且原来的主流模式创造价值的能力正在衰退，因此，化解威胁已变得越来越困难。同时，随着新模式展示出的强劲威力并逐渐得到关注，新老产业公司之间建立的合作伙伴公司也可能宣告解体。南加州大学数字未来中心预测，美国进入数字化拐

---

① 范东升：《拯救报纸》，南方日报出版社，2011，第80页。

点，印刷报纸 5 年后将消亡。"未来的日子唯一能够存活的报纸将处于两个极端——规模最大或最小，也许将来只有四种大规模报纸将继续以印刷版的形式存活：《纽约时报》《今日美国》《华盛顿邮报》以及《华尔街日报》，而对于最小规模的报纸来说，或许地方性周报也会存活。"① 这正是传统报纸企业难以化解威胁，新模式释放其威力过程中的传媒格局重组的惨烈景观。在这个阶段，传媒企业要想生存下去，除了选择更强有力的战略来应对竞争，别无选择；如果广告收入持续下降，则必然迫使报纸陷入"失败者螺旋"。例如，因纸质产品广告收入持续下降，自 2012 年秋季起，美国新奥尔良市的日报《时代花絮报》（*The Times-Picayune*）② 将改为每周三、周五和周日发行，编辑部将裁员近 1/3。这份日报出版时间的改变将使新奥尔良市成为第一个没有日报的美国大城市。那些经历过"共存"阶段的博弈而能够"幸存"的新型报纸企业，必将是那些极少数的产品，是不可替代的且具有一定规模品牌忠诚者的所谓市场化主流大报。

报业激进性演进的第四个阶段是"支配"阶段，为传媒用户创造价值的新模式处于绝对支配地位，新的产业必须按照新模式来创造价值；大多数媒介用户，停止使用旧系统而更换新系统。到了这个阶段，传统纸报或许还会存在，但它已经不再具备盈利可能。到了支配阶段，产业新模式之下形成的新市场领导者将涌现出来。随之而来的是，整个产业演变周期的完成。

从新兴、趋近到共存、支配的激进式演变，将是中国报业在数字化进程中的基本演进轨迹。其间，有可能出现纸报的短暂复苏，但这一轨迹的整体走向则是不可逆转的。

---

① 赵佳编译《美国进入数字化拐点 印刷报纸 5 年后将消亡》，科印网，http://www. keyin. cn/plus/view. php? aid =821822&type = mj。

② 创刊于 1837 年，周日发行量 141092 份，周末发行量 158840 份。

三

在中国报业还享受着"发展的比较优势"的今天，从激进式演变的视角来分析报业数字化的轨迹，似乎有些不合时宜。而且，即使目前，也还是有一些"新报纸"不断问世，增长着报纸的数量。那么，中国报业果真能够背离上述的激进式演进轨迹吗？不是背离，而是需要我们进一步洞察纠结在这一演进轨迹之上的影响报业市场发展变化的种种因素。

中国报业还可能给大家一些"风景这边独好"的印象，这是与中国报业市场的复杂性相关联的。如前所述，中国社会城市化进程的加快、社会老龄化的加剧、经济发展模式向消费拉动的转型，都可能暂时为报业带来一定的增量空间与机会。不仅如此，中国报业的数字化转型过程也并不那样单纯，而是与报纸的民本化转型、市场化转型、媒介管理体制改革等纠结缠绕在一起。正是这样一些因素的缠绕与纠结，使中国报业的激进式演变轨迹之上笼罩着重重迷雾。

在报业民本化转型的过程中，虽然作为社会中下层市民代言者的都市类报纸形态已经蔚为大观，作为社会中上层主流动力人群代言者的主流大报的雏形也在构建，但目前占据报纸行业主体的却依旧是各级各类党报。作为宣传喉舌的各级党委机关报，大多数依靠各级政府的财政补贴而超市场生存，并不依靠为目标读者创造价值而盈利。即使是部分地面向市场的党报，出现亏损也还有财政兜底。因此，它们充分吸纳转型社会的政治、经济、文化、技术等核心因素所释放的创新资源的动力并不足，导致它们对市场出现的相关信号熟视无睹。除极少数党报外，绝大多数党委机关报对传媒新技术的不断创新与扩散的反应相当迟钝。

　　与此同时，一个不容忽视的问题是，报业整体的市场化程度不高。中国报业市场目前依旧是由行政差序格局切割为多个碎片；强大的行政壁垒阻隔了市场竞争，大部分报媒的市场竞争能力尚需培育和提升。这导致在报业市场化转型的过程中，虽然一些市场化程度较高的报纸已经构建了现代企业制度和市场反应体系，但大多数报纸还是在传统的事业单位机制中运行。即使是一些正在转企改制的非时政类报刊，尚需建构现代企业制度和企业家精神。报业整体的市场化程度不高，导致报业的稀缺资源和要素主要不是通过市场竞争配置，而是市场体外分配或者依据行政差序格局配置，这样就不能实现报业的可持续的、有效的、均衡的长期发展。来自市场的信号与压力，被市场之外的"有形之手"遮蔽掉。因此，相当一部分报刊对与报纸新的核心经营活动与核心资产息息相关的那些数字报业的激进式变革比较隔膜。一些在数字化进程上走在最前沿的报媒，可能是那些市场化程度最高的、极力谋求为自己的目标受众群体创造价值的媒体。

　　另外，中国传媒的多头多层管理体制，也是影响报业数字化激进式演变的关键因素之一。尤其是严格的新闻规制，重大新闻事件发生时只能刊发"新华社通稿"的现实，导致即使是一些内容生产能力堪称中国一流的报纸，也很难打造出不可替代的传媒产品。因此，迄今为止一直在努力的媒体，也很难说已经形成了不可替代的产品影响力。虽然，《南方周末》《南方都市报》《成都商报》《广州日报》《都市快报》《新闻晨报》《楚天都市报》《华商报》以及财新传媒等媒体的内容生产能力不容小觑，但可能在宣传纪律的刚性约束之下，它们的内容生产效能并没有充分释放出来。报纸如果不能完全依靠自身的核心产品的不可替代性吸纳和黏着忠诚读者和体验者，要在全媒体的探索中形成自己"付费墙"或者其他数字盈利模式，那是不可思议的。

因此，中国报业数字化进程的发展和对激进式演变轨迹的应对，还需要与之相关联的报业民本化转型、市场化转型、媒介管理体制改革等方面协同创新、协同推进。

而从中国报业数字化进程本身来看，激进式演进的"趋近"阶段，需要报业全媒体的探索从"新媒体的票友"转化成为"新媒体的专业操盘手"，尤其需要实现从过去的努力打通不同媒介的阻隔向融媒与社交化、社群化融合的转型。如果说，几年以前，全媒体的重心是努力打破不同媒体形式之间的阻隔，从平台融合、内容融合、终端融合等方面，探索全媒体生产、全介质传播、全方位运营的话，那么伴随着媒介融合的深度推进，报业全媒体探索的重心则应该是如何透过社交媒体嵌入用户的生活圈、交友圈、消费圈，以进一步拓展生存空间。北美创投教父、凯鹏华盈（KPCB）合伙人约翰·杜尔在 2011 年 2 月提出"SoLoMo"这一移动互联网运营大创意概念，社交媒体、本地化与移动网络三者的"混搭"整合已经成为移动互联网发展的基本趋势。"SoLoMo"将社交（Social）、本地化（Local）、移动（Mobile）三者"混搭"结合，从而将虚拟网络与真实生活连接起来，传媒深深地嵌入用户的生活圈层之中。中国数字报业新产业模式创新点和知识的积累，显然不可能绕过"SoLoMo"。站在互联网等数字媒体发展的最前沿，吸纳传播新技术的创新与扩散所带来的传播资源，熔铸、积聚数字报业新模式的知识和创新点，这可能是中国报业组织在数字化过程中应对激进式演变的基本策略与选择。

转企后报刊：用企业家精神
克服"事业惰性"[*]

非时政类报刊转企改制的进程正在持续推进。即使是到2012年9月底，传媒宏观管理机构的非时政类报刊转企改制工作面上布置行将告一段落，但对于报刊组织自身的机制构建而言，则还有很长的路要走。无须讳言，目前处于转企改制过程中的大部分非时政类报刊，长期作为事业单位而运行，养成了深厚的"事业惰性"。它们自身转企改制的积极性可能并不高，只是在大潮涌动之时别无选择，被动转身。如何构筑并实践企业家精神，克服"事业惰性"，实现内在运行机制的彻底变革，将是这些报刊机构成功转型并获得持续发展动力的重要课题。

一

所谓"事业惰性"指的是长期作为事业单位的报刊组织养成的他动性或被动性。尽管中国报刊转企改制的试验性探索已经启动多年，一部分先行探索的报刊也构建了一些企业化运作的规范和制度，但是总体而言，此前的试验和试点，仅仅是改制变革点的量的积累。以传统事业单位为组织底色建立起来的大批非时政类报刊还有着浓郁的事业单位的色彩，还有着深厚的"事业惰

* 发表于《中国报业》2012 年第 7 期。

性"。曹鹏认为："尚未转企改制的报刊就像舰队中不大不小的船，尽管船破旧、效率不高，但至少在加油、维修上有舰队的保障。"非时政类报刊机构存在的"船破旧、效率不高但至少在加油、维修上有舰队的保障"的惯性心态，其实就是一种"事业惰性"。

"事业惰性"根基在于行政性，即传统的非时政类报刊组织大多是依附于党政机构系统，作为这些系统的一部分或延伸而生存，并非独立运营、自主运行的社会组织，由此衍生出"事业惰性"。其具体的表现如下。

人事管理的行政化。一部分报刊组织，往往依托传统党报、党刊、党网、党台或行政主办主管机构，按照传统事业单位的体制而创办。这些报刊组织的从业人员按照行政事业单位的"体制内"干部身份生存，端着旱涝保收的铁饭碗，讲究行政级别，追求级别的提升，大体上秉持传播的非职业主义理念，比较缺乏对来自市场压力的应对态度和能力，缺乏创新进取心和充分展现自身才华的积极性。这种人事管理的行政化，弊端无穷。弊端一，"干部"的上升聚焦于行政级别提升与职务博弈，导致长于人际关系运作、业务不精但听话的员工可能上位，而专注于业务能力提升的专业拔尖人才受到压制，容易产生"劣币驱逐良币"的现象。一些内部关系过于复杂的机构，还可能山头林立派系丛生，从业人员人心浮动，难以安心本职工作，内耗非常严重，更遑论发挥其积极性和创造性。弊端二，导致机构的执行力较弱，人浮于事，奖惩乏力，难以做到优胜劣汰，效率相当低下。

业务运行的唯上化。行政机构运行的基本原则之一是下级服从上级。人事管理上的行政化，必然导致一些报刊组织业务运行的唯上化。上级主办、主管单位不仅掌控着这些机构的行政拨款投入数量和有限经营收入的使用去向，还掌控着机构高层管理人员的任免和评价、提升权。报刊机构往往按照服从行政指令的要求而设计层级体系，各级负责人以行政负责人身份实施控制活动。因此，这些机构则可能轻视或无视新闻传播的责任和规律，只是按照上级的要求和指导意见开展业务，绝无越雷池半步的可能。其结果是，导致这些机构在传播业务运行上，唯上级指令而行，比较缺乏对目标市场主动选择、深度洞察和细分，业务运行有计划而无战略；核心产品定位不清，忽视受众的需要和知情权的实现；对市场信号反应迟钝，麻木不仁，缺乏主动探索和创新的动力。

内部管理的不经济。这已经是包括非时政类报刊在内的传统报刊事业单位的沉疴。尤其一部分非时政类报刊可能是传统党报机构迫于市场竞争压力而设置问世，虽然可能部分地按照市场机制来运行，但又缺乏现代传媒企业治理结构和制度的制约，因而内部管理不经济，导致管理成本高居不下，管理环节漏洞百出，个别媒体甚至成为产生贪腐的温床。例如，一些传媒收入的规模增长，并不能带来其利润的规模提升。有些媒体，可能有数亿元甚至数十亿元的收入，但去掉高额成本之后，可能只有几百万元或几千万元的微利，甚至还有巨额亏损。

无论是人事管理的行政化、业务运行的唯上化，还是内部管理的不经济，表征着这样的报刊机构已经是"事业惰性"重症患者，是一种他动性或被动性的机构，与传媒市场的发展所要求的市场主体距离尚远。虽然一些市场化程度较高报刊的经营机制、管理体制的改革取得了一定成效，但在转企改制的过程中，时政类报刊在组织创始阶段"胎里带"来的"事业惰性"还是不同程度地存在着，阻碍着它们"创新体制、转换机制、面向市场、增强活力"，成为束缚其转型为自主运营、自我发展的市场主体的桎梏。

二

非时政类报刊转企改制的关键是从过去的事业单位转型变身为企业。成为企业不仅仅是其身份的变化，更是从组织形式到组织结构、运行机制的彻底变革。从企业制度层面看，非时政报刊的转企改制，当然要改造为报刊产业的有限责任公司或股份有限公司，建立"产权清晰、权责明确、政企分开、管理科学"的现代企业制度，构建包括股东会、董事会、监事会和经理层在内的公司法人治理结构，使之成为"自主经营、自负盈亏"的合格市场主体，形成"有效率、有活力、有竞争力的微观运行机制"。而从企业内在精神层面看，非时政类报则需要彻底克服"事业惰性"，打造企业的灵魂。

如何打造非时政类报刊转企改制后的企业灵魂？这需要通过系统化的创新，构建和实践企业家精神，激活和整合企业现有和潜在的所有资源，开展"创造性破坏"的管理创新，开拓自己的细分市场，明确市场定位，为报刊阅读者、使用者创造出独特的价值。只有这样，才能够构建报刊企业生生不息的内在生命，才能够促其脱胎换骨、化蛹成蝶，转型成为具有自我发展能力的市场主体，由过去的"他动机"变成"自动机"，甚至"永动机"。

这里的核心是构建企业家精神。现代管理科学的"创新"者彼得·德鲁克在《创新与企业家精神》一书中系统地分析了市场经济体制中社会商业机构、公共服务机构等社会组织自主运行、独立发展的最重要的特质，即积极应对社会的政治、经济、文化、技术等决定社会发展的核心要素的变化，对组织的资源进行整合重组，实现大幅度资源产出，开拓自身的新市场和顾客群体，为他们创造价值。德鲁克称之为"创新与企业家精神"。

法国经济学家萨伊在 1800 年前后创造了"企业家"这一概念，指代的是"将资源从生产力和产出较低的领域转移到生产力和产出较高的领域"的人。德鲁克认为，萨伊的定义没有告诉我们这个"企业家"是谁，而且距今已经过去了 200 余年，其中的"企业家"和"企业家精神"的词义完全混淆不清。例如，美国一些大学商学院的"企业家精神"课程，导致人们往往把创办自己的全新小型企业的人定义为企业家。在德鲁克看来，即使是创办了一个新的企业，如果仅仅是重复他人的老路，既没有创造出新的满足，也没有创造出新的消费诉求，这样的人也不算企业家——他不具备企业家精神。但是，"麦当劳所表现出来的却是企业家精神。确切地说，麦当劳并没有发明任何东西，任何一家不错的美国餐厅早就开始生产它所供应的最终产品了。但是，凭借着应用管理概念和技巧（即研究顾客所注重的'价值'），它们将产品标准化，设计制作流程和工具，并基于工作分析设定标准，根据标准培训人员。"[①] 这是因为，麦当劳不仅大幅度提升了资源的产出，而且开创了新市场和顾客群。德鲁克认为，这就是企业家精神。

企业家精神并不是通常理解的冒险精神。重组资源并大幅度提高资源的产出，这是企业家的创新活动之一。当企业家将资源从生产力和产出较低的领域转移到生产力和产出较高的领域，其中必然存在着失败的风险。但是，即使他们只获得勉强的成功，其回报也足以抵消在这一过程中可能遇到的风险。因此，企业家精神所预期的风险，应该比资源最优化的风险还要低。所以，在德鲁克看来，"当创新是正确而有利可图的时候，即创新的机遇已经存在的时

---

① 〔美〕彼得·德鲁克：《创新与企业家精神》，蔡文燕译，机械工业出版社，2007，第20页。

候，再没有比采取资源最优化更有风险的了。从理论上说，企业家精神应该是风险最低，而非风险最高的方式。"①

企业家的创新活动的重要方面，是赋予资源一种新的能力，使它能够创造财富。企业家并不改变事物的物理形态，但却能够慧眼独具使之成为对人有用的财富的一部分，赋予自然界的物质以某种用途从而具有实用价值和经济价值。运用"购买力"这种"创新企业家的创举"的独特资源，点石成金，使现有资源的财富生产潜力发生改变，开创新的市场和顾客群体。因此，企业家的创新，并不是创造出一个新的资源，而是"通过改变产品和服务，为客户提供价值和满意度"。② 无论是捷克教育家夸美纽斯在 17 世纪中叶发明了第一套拉丁语入门教科书（现代教材的始祖），还是亨利·卢斯在 20 世纪 20 年代创办《时代》《生活》《财富》杂志，抑或是刚刚辞世的苹果之父史蒂夫·乔布斯把电脑和电子产品变得简约化、平民化而让曾经是昂贵稀罕的电子产品变为现代人生活的一部分，都是典型的企业家创新精神实践。

因此，作为企业家精神的创新，绝不会仅仅满足丁对现有事物加以改进或修正，他们试图创造出全新的且与众不同的价值和满意度，试图将一种看起来可能与使用者、消费者无关的"物质"转换成一种财富"资源"，试图将现有的资源组合在一种新型的、更具生产力的结构里。

这就需要洞察并充分利用社会生活的"变化"。真正的企业家，并不惧怕变化，甚至尤其青睐变化。尽管企业家自己可能并不引发变化，但是企业家总是寻找变化，视变化为机遇。"变化为新

---

① 〔美〕彼得·德鲁克：《创新与企业家精神》，蔡文燕译，机械工业出版社，2007，第 26 页。

② 〔美〕彼得·德鲁克：《创新与企业家精神》，蔡文燕译，机械工业出版社，2007，第 30 页。

颖且与众不同的事物的产生提供了机会。因此，系统的创新存在于有目的、有组织的寻找变化中，存在于对这些变化本身可能提供的经济或社会创新的机遇进行系统化的分析中。"① 不过，社会生活无限丰富，变幻无穷。即使是企业家要竭尽全力地捕捉"变化"机遇，也不可能将所有的"变化"囊括无遗而一手掌握。企业家只能注目于与自己的企业相关联领域的重要"变化"。德鲁克认为，企业家实施系统化的创新，就必须关注创新机遇的七个来源，即：意料之外的事件——意外的成功、意外的失败、意外的外部事件；不协调的事件——现实状况与设想或推测的状况不一致的事件；基于（生产）程序需要的创新；每个人都未曾注意到的产业结构或市场结构的变化；人口统计数据（人口的变化）；认知、意义及情绪上的变化；新知识，包括科学和非科学的新知识。如果说前三个机遇来源属于机构或产业内部变化的话，后三个则涉及机构或产业外部的变化。最有效的创新则是在机遇富集的"最佳窗口期"，通过周密的分析、严密的系统以及辛勤的工作等系统实践活动，向客户提供其所需的价值。

三

现代企业家精神，无疑是克服非时政类报刊转企后残存的"事业惰性"的一剂良药。无论是中国还是西方，无论是传媒产业史上还是产业现实中，一些获得了"社会效益"与"经济效益"双赢的传媒企业，大都是德鲁克所谓的"企业家精神"的实践者、行动者。

---

① 〔美〕彼得·德鲁克：《创新与企业家精神》，蔡文燕译，机械工业出版社，2007，第31页。

德鲁克自己曾介绍了基于"知识的融合"这一创新机遇的美国报业史上的普利策、奥克斯、赫斯特等人的"企业家精神"实践案例。例如，戈登·贝纳特是正视现代报纸所存在问题而抓住了报业发展机遇的第一人。他在 1835 年创办了《纽约先驱报》，在新闻报道中注入趣味性、事业心和进取精神。不仅在地方新闻、国内新闻、国际新闻等产品上领先于同类报纸，还制作"号外"，开拓金融报道、体育新闻、批评性评论，开辟"读者来信"栏目，不断创新，精益求精，持续进行内容的创新。"贝纳特对报纸面临的问题了如指掌：一份报纸必须要有足够的收入才能在编辑上保持独立；然而，与此同时，报纸必须相当地便宜，才能确保发行量。贝纳特聪明地利用了报纸需要的两大科技知识基础：电报和快速印刷。这些知识使他能够以远低于传统成本的价格办一份报纸。他知道所需要的高速排版作业，这项技术在他过世后才发明出来。另外，他也看到了报业发展所需要的另外两项非科学知识基础中的一项——大众读写能力普及，才能使一份廉价报纸的发行量的扩大成为可能。但是，他没有把握住第五项基础：将大众广告作为收入的来源，从而使报纸在编辑上拥有独立性。"[1] 贝纳特是美国大众传播史上的第一位报业巨子，享有非凡的成就。不过，他对报纸广告的开发确实有一些局限。特别是 1840 年其竞争报纸以"亵渎神明"（宗教报道中使用了油腔滑调的文笔）为由发起声讨《纽约先驱报》这个新闻暴发户的"道德战"而招致一场抵制运动之后，广告商害怕触怒一部分道德名流陆续撤回原先准备刊登的广告，对《纽约先驱报》的经济效益产生了一定的影响。报业广告经营创新更为成功的，则是 19 世纪后半叶普利策、奥克斯、赫斯特三位懂

---

[1] 〔美〕彼得·德鲁克：《创新与企业家精神》，蔡文燕译，机械工业出版社，2007，第101 页。

得并利用广告的报纸企业家。约瑟夫·普利策 1883 年买进《纽约世界报》则开始进入其传媒企业家精神创新实践生涯的顶点。他规范了报纸编辑部及其工作流程，开发了符合目标读者趣味的通俗化报纸产品，使《纽约世界报》成为"新式新闻事业"的主要代表。阿道夫·奥克斯 1896 年接管了濒临破产的《纽约时报》，将这家报纸改造为"一份拥有可靠的新闻报道和社论观点、供不喜欢过分强调娱乐性和特稿的读者阅读的报纸"，发表"所有适合刊印的新闻"。同时，他让报纸降价，提高广告价值，扩大广告版面，扭亏为盈，继而推动《纽约时报》发展为美国最有影响力的报纸。威廉·伦道夫·赫斯特则依托他称之为"日报之王"的《旧金山考察家报》，在报业经营技术方面进行了许多建设性的创新。他试验多种排版式样、安排对称的标题形式、采用醒目的铅字体，创造了一种与众不同并且为其他许多报纸效仿的编辑程式，改进彩色印刷。当然，他最大的成就还在于开创了现代报纸连锁事业。实际上，虽然 1833 年本杰明·戴创办《纽约太阳报》标志着大众传播产业时代的到来，但普利策、奥克斯、赫斯特等报纸企业家的创新实践，才推动着大众传播产业的真正崛起。

而从我国部分传媒企业已经进行的探索来看，正是管理创新和企业家精神的追寻与实践，赋予传媒企业以生生不息的市场竞争动力和活力。《成都商报》《广州日报》《北京青年报》《华商报》《南方都市报》等的市场化运行的报纸，以及《读者》《知音》等市场化运行的期刊的探索，大体都是这样。

例如，诞生于 20 世纪 90 年代中期中国社会向市场经济时代大转型发轫期的《成都商报》是传媒企业家精神的构建者和实践者。该报首任总编辑何华章提出"创新、务实、理性、开朗"八字方针作为报纸的核心价值理念，将创新理念植入到报纸的管理体系中去，将务实、理性、开朗的企业家精神元素导入到报纸文化之中。

创报 18 年来，从何华章到陈舒平，再到陈海泉，报纸的领导人更换了三届，但以创新引领报纸发展的企业家精神却始终是这家报纸从弱到强、从小到大、从都市报转型到主流大报而不断发展壮大的内在生命和动力源泉。他们执着于设置成都城市发展议程，搅动城市生活节奏，激活城市脉动，培育城市文化，努力成为成都市民不可或缺的生活元素，以新闻之真实快捷、内容之独家原创、策划之新颖亲民、版式之清新时尚，为目标读者创造其所需要的独特价值。他们抓住了从 20 世纪 90 年代中期以来，社会生活变化所呈现的创新机遇，不断聚集、整合、点化社会资源，积极拓展市场，为读者创造价值。国家传媒调控政策空间的释放，读者生活方式的变化，报业发展的产业化、主流化、国际化、数字化战略进程的推进等，都先后成为他们创新的契机。创报伊始，《成都商报》就创造了几个第一：成都地区第一张早报；第一份彩报；第一个推出"为您服务"专版，率先推出"首放式"体验新闻；第一个推出图片新闻封底版；第一个开通有奖征询新闻热线。也是从创报开始，《成都商报》即开始探索全面的企业管理，并且每年都推出管理创新举措。1994 年，实行比较彻底的广告代理制度，从体制上确保构建高效率、低成本的广告经营模式，奠定了报纸广告快速增长的基础。1999 年，率先实施借壳上市，其主导的"博瑞传播"成为中国报业"第一股"。2000 年开始，成都商报为广告业绩突出业务员成立以其个人名字命名的工作室。2001 年，成都商报开始控制医疗药品广告的占版率，调整广告结构。2002 年，随着读者的越来越成熟，《成都商报》进行报纸主流化转型的战略调整，以主流大报为目标，一改过去偏爱于社会新闻的传统，开始转向时政、财经等新闻并重的发展模式。2003 年，《成都商报》又改变发行结构，将目标读者锁定在主流人群；对广告投入及广告代理的考核机制进行变革，从以量为核心变为以份额为核心。1999～2004 年，成都商报大力实施跨区域发展战略，先后入主《云南信息报》《天津青年报》《西部商报》《江西商报》《青岛早报》《宁波现代金报》《每日经济新闻》等报纸。2005年，《成都商报》版式变为国际流行的黄金比率的瘦报，并且取消了中缝广告；内容生产上，则追求大报气质，报纸的各个板块都在大报理念指引下，自觉创新报道和观点。2006年，《成都商报》再次做出战略转型，由跨区域发展向跨媒体开拓转型：主报的主流化转型持续推进，跨媒体战略全面展开。2007年，《成都商报》则强化主流大报气质，提倡"从容、幽默、智慧"的办报风格，强调将议程设置能力作为提升报纸影响力的主要手段，百折不挠地持续打造兼具权威性、公信力和市场份额的主流大报。2008年，《成都商报》在经营上，再次调整广告结构，改变某单一行业广告占比过重的现象；内容上，自觉摒弃传统的都市报"小报"做法，实行新闻专业主义的职业规范，强调新闻的真实、公正、全面和独创，持续提升公信力和影响力。2009年，《成都商报》进一步强化新闻职业化，强调"职业化＝专业＋敬业"；持续以独家、独到、独立的新闻，做成都民生推动力。2010年，《成都商报》不仅大报形态初显，公信力营销初见成效，广告收入攀上10亿元大关，而且率先建立新媒体实验室。另外，经过媒介融合方面的多年创新探索，《成都商报》跨媒体发展格局初定。其主报与《每日经济新闻》、成都电视台第二频道、成都全搜索网站、《明日·快一周》、商众汽车、岁月画廊等报纸、电视、电台、网站、杂志、流媒体、企业等深度融合，形成以主导媒介为传播核心的"立体化传播平台"。同时，新闻网站、手机报、微博、iPhone、iPad、"码上控"、"成都控"等已经成为《成都商报》新的数字接触体验终端体系，帮助《成都商报》实施从内容提供商向信息服务商转型。不仅如此，这家报纸在全员聘任的基础上，以创新的企业家精神为中心设计报社的各层关系，通过打造狼性团队和学习型报社，构建"变不可能为可能"的企业文化，建立了一套富有效率的企业管理的政策和实践方法，确保其奖励和激励措施、薪酬待遇、人事决定和政策都鼓励员工具有企业家精神，使整个报社组织都渴望创新，不张扬、不浮躁、不骄狂、埋头苦干、务实低调、理性开朗、敢为天下先，形成了报纸在市场竞争中"脱颖而出的根本"。显然，《成都商报》企业家精神的追求与实践，能够给予正在转企过程中的其他报刊以有益的启示。

目前，中国报业尚处于产业转型发展的最佳窗口期。民本化、产业化、数字化、国际化四大战略走向和国民生活方式的变化，正不断释放着创新机遇。谁能够充分适应变化，抓住这些机遇，努力实践企业家精神，克服"事业惰性"，大力创新，谁就能够迅速成长为市场主体，并可能发展壮大为中国报业的领导者。

谁能够成为构建付费墙的
中国报纸？*

    如果说在整个激进性演进的报业数字化进程中，中国报纸尚处于演进的"趋近"阶段，旧产业模式的颓势已现而新产业要素与模式正处于生成之中的话，那么美国报业市场的演进已经进入到了激进式演进的"共存"阶段，随着新老产业模式之间竞争与博弈明显升级，紧张状态加剧，原有产业日益脆弱而新产业模式则开始形成并逐步主导产业的发展。付费墙这种典型的数字报业盈利策略已经成为美国报纸在新的数字传媒产业链条中占据盈利制高点的重要选择，即是报业新产业模式构建的重要步骤。业界和学界都注意到了，2012 年被称为美国报纸的"付费墙年"，它们开始从付费墙"试水"转向"全情投入"。无论是 20% 的美国报纸设置付费墙，还是第一数据公司、李氏企业集团、斯克里普斯集团、甘尼特集团、麦克拉奇集团等大型报团的付费墙的设立，在某种意义上，都是《纽约时报》《华尔街日报》等成功实施付费墙策略之后市场效应的发酵与扩散。美国发行审计局报告称，2012 年报纸发行量与 2011 年同期相比，在截至 2012 年 9 月 30 日的最近 6 个月中基本相同。随着网站付费门槛制度的快速采用，付费报纸数字版的总数上升了 15.3%。这意味着，付费墙策略的采用已经遏制了美国报业

* 发表于《中国报业》2012 年第 12 期，人大报刊复印资料《新闻与传播》2013 年第 4 期全文转刊。

的持续衰退的趋势。实际上，除了美国报业之外，英国、加拿大、德国等国的报纸也都在不同程度地探索构建付费墙。

中国报纸对付费墙的关注与试验，起步的时间似乎并不晚。大约从 2010 年开始，《人民日报》与人民网曾搞过付费体验的试验，但无疾而终。《重庆日报》《安徽日报》《环球时报》等依托报网互动，做过付费墙的探索，但终究难以达到盈利的最低规模。目前只有《温州日报》等报纸还在试验，但微薄的收益，还不足以支撑报纸的基本运行。因此，有一种观点认为，付费墙不适合中国特色的报纸。这种观点是不正确的。实际上，付费墙也是中国报纸数字化与市场化进程中绕不过去的"深水区"。如果在未来的数字传媒产业版图中，报纸依然能够具有一席之地的话，它可能是基于付费墙而形成。今天的一部分报纸所探索的"全媒体""云报纸"的成功仍然依赖于付费墙的构建。那么，在报业数字化进程中，谁能够成为成功构建付费墙的中国报纸？这需要分析中国报纸构建自己的付费墙需要解决哪些问题。

一

"付费墙"（Pay Walls），是成熟市场经济体制国家的传统报纸对其在线内容实行有价阅读而建立的支付模式，是新闻提供商对在线内容实行付费阅读的"准入"系统。虽然付费墙的具体方式多种多样，可以硬付费（将读者与网络内容完全隔离，在线支付以前读者看不见网络中的任何内容），可以软付费（允许读者阅读一部分内容后，计时付费、计量付费，或者残缺吸引、捆绑订约、微支付等），但不管是哪一种方式，其关键是传统纸媒在数字传媒版图中以其超强的内容生产能力占据内容生产商的价值创造与提供的市场制高点，为目标读者创造不可替代的价值和阅读体验。

传媒经济学家肯·多克特（Ken Doctor）考察了包括芬兰 Sanoma 传媒公司、德国 Axel Springer 传媒公司、伦敦《泰晤士报》以及《纽约时报》等多家报纸的付费墙实践之后，提出了报纸"付费墙"经营的"5P 原则"，强调客户、产品、呈现、价格、促销。[①] 报纸在线内容的体验者（People）是付费墙的目标市场。挖掘体验者的阅读需要，洞察客户的阅读体验，建立体验者客户数据库，为目标市场提供对位的服务，这是成功设置付费墙的前提。《纽约时报》《明星论坛报》《商业诉求报》等，都用数字注册数据库将单个客户的全部资料与订阅者数据库进行匹配，从而获得完整的读者资料。对客户的资料掌握越多，服务越周到，让读者直接感知到产品的价值，则越能获得规模化的忠诚读者群体。

提供有价值的产品（Product），这是实现收费的关键。无论是新闻报道、独家观点，还是对新闻信息、新闻事件的富有创见的解读，内容价值的不可替代，产品形成吸引读者的"倒刺钩"，这是第二个"P"的核心。通过读者数据库，在对目标市场深刻洞察的基础上，形成内容生产平台，为客户提供高价值的、专业的、不可替代的、排他性的内容，是吸引并黏着忠诚体验者的不二法宝。一些报纸数十年持续不断地为用户提供有价值的产品，形成了难以替代的竞争优势、一定规模的忠诚用户和丰厚的品牌资产。从目前已经成功设置付费墙的几家报纸来看，率先达到盈利规模的大多是世界报业领域有较大影响的品牌媒体。《华尔街日报》和《金融时报》都是行业内的领军者，提供的是专门化的商业新闻，竞争者和替代者较少；《纽约时报》《泰晤士报》等，则一直是全球有影响的主流大报。

采用融合型渠道实现产品的呈现（Presentation）是实现收费的

---

① 引自陈沁蓉、米源飞编译《媒体付费墙经营的 5P 原则》，《新闻记者》2012 年第 6 期。

重要条件。以方便用户的体验与接触为基础，基于媒介融合与读者的媒介接触方式而形成的多种内容呈现接点，进行内容的有效呈现，形成与用户直接互动的渠道及其体验接点，这是付费墙系统中有价值的产品呈现的特点。现在来看，固网和移动互联网的应用程序所能整合的网站、智能手机、平板电脑、电子阅读器或者其他终端设备都是付费墙产品的主要呈现接点。融合型的产品呈现系统可以真正实现产品的全介质传播，实现对用户的信息全覆盖，实现让用户在任何地点、任何时间获得想要的内容产品。这样，可以满足用户对信息的规模化需求、即时即地需求、多样化和个性化需求，同时满足个人表达的互动性需求。

合适的价格（Pricing）是报纸获得规模利益的核心。所谓合适的价格强调的是产品的定价与其价值匹配。实际上，在互联网上是绝对不存在什么无法翻越的付费墙。无论报纸采用何种数字手段加固付费墙的技术门槛，一些技术高超的"黑客"或用户总能找出"翻墙"的办法与途径。只要价格合适，尽可能使翻墙不那么容易，付费的成本低于"翻墙"所付出的经济成本与社会成木，对报纸忠诚度高的人就可能愿意为之付费。实行付费墙计划的报纸，都有一个合适的价格设计。例如，《波士顿环球报》开设收费网站，其印刷版订户有完整的网站阅读权限，否则每周支付3.99美元；《明星论坛报》每月可免费阅读20篇文章，获得完整阅读权限需每周支付1.99美元，印刷版订户可免费阅读数字版；《纽约时报》数字版基本套餐一年195美元，印刷版订户可免费阅读数字版；《华尔街日报》网络版基本订阅套餐207美元一年。

符合目标体验者需要的促销（Promotion）手段，也为付费墙所需要。这里的关键是使用能够提高用户心理感受的新的促销手段。除了常规的广告、公关活动、SP促销等内容促销途径之外，论坛、圈子、推特、部分免费阅读等网络推销途径，常常与付费墙的市场推广相配套。特别是基于产品呈现方式而形成的展示产品魅力的"部分免费阅读"成为部分大报屡试不爽的"付费诱饵"。

付费墙的"5P原则"是从媒介组织的操作层面的一个概括，涉及了市场再度细分之后对于报纸的重度忠诚者的选择与定位，具有独特、专业、不可替代的价值内容创造，产品内容的恰当呈现与便捷的阅读体验，合适的价格，提高用户心理感受的促销等要素。显然，这是报业传媒组织构建付费墙的"必要充分条件"。

二

中国报纸的数字化进程正处于激进式变革的"趋近"阶段，新产业模式正在构建。另外，必须注意到，日益紧逼的报纸产业的数字化转型步伐留给传统纸报犹豫徘徊的时间并不多。仅仅在2012年上半年，报刊广告花费整体下滑11%；三大支柱行业——房地产、服务零售、汽车的报刊广告投放费用下滑48%，其中房地产行业投放跌幅达27%；受互联网冲击，家电广告投放降幅最大，高达31%。这只是广告主的一部分变化。伴随着网生代逐步成为社会中坚阶层并陆续离开纸媒，广告商也正加速脚步渐行渐远。这样一些市场信号，催促着那些市场化程度较高的报纸，要尽快构建付费墙，形成新的产业盈利机制，以挽狂澜于既倒，遏颓势于当下。

现在来看，尽管目前中国并没有一家报纸充分完成"5P"要素的集聚并成功设置付费墙，但整体报业已经进入设置付费墙的临界点。在全国范围内，不同特色的报纸媒介组织从客户、产品、呈现、价格、促销的不同方面，正进行着创新点量的积累。

就客户数据库的构建而言，一些报业集团或传媒集团在推进数字报业发展的过程中，在持续不断的改版与市场细分的选择中，不同程度地构建了自己的用户数据库。南方传媒集团、浙江日报报业集团、杭州日报报业集团、成都传媒集团、解放日报报业集团、宁波日报报业集团、烟台日报传媒集团、南京晨报社、京华时报社、新闻晨报社等推进全媒体战略布局，也形成了多种探索和实验模式，其用户数据库已然形成规模。

就产品生产而言，一部分市场影响力较大的报纸通过他们多年的市场征战，开始形成自己的专业品格和独特的产品生产模式。无论是《南方周末》《南方都市报》《成都商报》《广州日报》《钱江晚报》《新京报》《京华时报》《新闻晨报》《华商报》，还是《21世纪经济报道》《经济观察报》《第一财经》《每日经济》《中国经营报》等，它们已然形成自身的具有较高公信力的产品特色和一定品牌影响力。

就产品的呈现而言，广州、北京、上海、武汉、成都、西安、沈阳、南京等地的传媒机构结合"中国报业数字化实验室计划"的实施，大力探索基于网络新技术而运用所有媒体手段和平台来汇流、整合构建全新的新闻传播与接触系统平台。无论是网站、电子阅读器、电子阅报栏、网络视频、车载电视、楼宇视频和户外屏幕，还是手机报纸、网上即时通讯群组、虚拟社区、博客、微博、搜索引擎、简易聚合、门户网站，基于电信网、广电网、互联网而运行的各类受众接触终端，都在成为用户提供多媒体、多样化、多层次、全覆盖的接触体验终端系统。

就产品的价格而言，尽管付费墙的价格要素尚待形成，但基于多年的市场探索，其价格的影响因素与基本定价方式都已经清晰化。

就产品的促销而言，报业发达或比较发达城市的市场化运行的报纸形成了符合目标用户媒介接触方式与生活方式的促销手段。《21世纪经济报道》《经济观察报》《第一财经》《每日经济》《中国经营报》《广州日报》《华商报》《钱江晚报》《南方都市报》《成都商报》《南方周末》《新京报》《京华时报》《新闻晨报》等，都有自己独到的新品促销系统和手段。

应该说，在报业的主流化、市场化、数字化进程中，一些报纸部分地具有了"5P"要素，但是提升空间还比较大，有不少的问题有待解决。例如，用户数据库的结构与质量，是否达到充分掌握用户的全部要求；又如，内容生产的权威性与不可替代性是否符合付费墙的要求；再如，有价值的内容呈现是否是以用户为中心，并且能够有效整合用户生产；等等。不过，最核心的问题，还是在于内容的权威性和不可替代性。几乎没有一家中国报纸敢于宣称完全是根据用户的需要进行专业生产并达到了不可替代的程度。在网络媒介正在升级换代、UGC（用户内容生产）总量超过了PGC（专业内容生产）的今天，无论在市场推广或者内容呈现方面怎样精益求精，而内容本身的吸引力难以达到不可替代的程度的话，构建付费墙的基础实际上是不存在的。因此，基于市场认同、客户认同的内容的权威性、不可替代性，这是中国报纸构建自身的付费墙需要解决的首要问题。然后，才是与它匹配的产品的呈现、价格、促销等要素的构建。

三

当然，形成基于市场认同、客户认同的报纸内容的权威性、不可替代性，不可能一蹴而就，至少还需要破解四个"纠结"。

一是"专业"与"宣传"的纠结。宣传产品与新闻产品，两者的成本回收和盈利机制是不一样的：宣传品的成本可以由政党、相关利益集团或企业买单，但新闻产品的生产成本则是由传媒机构通过产品的交易回收。付费墙的"付费"是传媒机构与用户之间的市场交易行为，用户没有义务为宣传品额外埋单。如果将宣传产品与新闻产品混杂呈现，难以形成报纸产品的市场影响力和吸引力。一些报纸的电子阅报栏，常常为用户视而不见，一些报纸的网络版即使免费也少有用户点击，原因盖在于此。两者纠结，还可能培养一部分用户的免费心理：既然网上可以白看，傻瓜才会花钱订阅电子版。因此，仅仅从市场的角度来看，将新闻产品与宣传产品分开来，则是完全必要的。新闻的归新闻，宣传的归宣传；收费产品与免费产品泾渭分明，可能有利于形成付费墙。

二是"通稿"与"个性"的纠结。一遇重大新闻事件，要求报纸采用新华社通稿，这似乎也是惯例之一。从组织公关宣传的角度，推行"通稿"或许自有它的理由，但从报纸运行的角度则是对报纸内容生产资格的剥夺和对生产能力的限制。其结果是，报纸难以充分释放依据自身的细分市场而积累的生产能力和市场创新能力，当然也就限制了报纸自身的权威性和影响力的释放。如果在重大新闻事件发生时，一家报纸不能够在第一时间向自己的目标读者提供有价值、有个性的客观报道，不能够对新闻事件进行独家解读和深度分析，不能自主选择"报"还是"不报"以及"如何报"，报纸就失去了专业内容生产机构的"个性"与专业性。这必然导致报纸做网络的"跟屁虫"，甚至从微博、论坛等新闻信息传播自由空间较大的社会性媒体中寻找新闻源或者新闻线索来填充版面。破解"通稿"与"个性"的纠结，有三个关键"结扣"需要解开：一是报纸坚守新闻专业注意理念，致力并通过自己的内容生产能力的提高、生产模式与机制的构建，形成不可替代的内容生产专属资源和优势；二是通讯社与报纸的关系，回归内容供应商与媒介之间的市场关系，赋予报纸一定的对通稿的选择权；三是将部分通稿与报纸自身生产的产品采取不同的收费策略。"通稿"免费提供，而代表报纸自身专业水准和职业立场的"个性"产品，尤其是一些独家报道、独家观点、独家产品则适度收费。

三是"市场"与"超市场"的纠结。迄今为止，还有一部分党报依靠红头文件发行和国家财政补贴兜底，超市场存在。而在报业的市场化进程中，截至2012年10月底，我国已有96.5%的非时政类报刊完成了转企改制，正在转型成为市场主体。即使是这一部分转企改制的非时政类报刊，其内在机制中可能也存在着"市场"与"超市场"的纠结。它们曾经长期作为事业单位而运行，养成了其深厚的"事业惰性"。它们自身转企改制的积极性可能并不高，只是在大潮涌动之时别无选择，被动转身。对这些转企改制的非时政类报刊而言，破解"市场"与"超市场"的纠结，需要它们构筑并实践企业家精神，克服"超市场"生存的"事业惰性"。通过系统化的创新，构建和实践企业家精神，激活和整合企业现有和潜在的所有资源，开展"创造性破坏"的管理创新，开拓自己的细分市场，明确市场定位，为报刊阅读者、使用者创造出独特的价值，应该成为这些报刊打造市场主体的应然路径。只有这样，才能够构建报刊企业生生不息的内在生命，才能够促其脱胎换骨、化蛹成蝶，转型成为具有自我发展能力的市场主体，由过去的"他动机"变成"自动机"甚至"永动机"，才能够为构建付费墙提供基础。

四是"免费"与"收费"的纠结。大约从20世纪90年代末期报纸与互联网络亲密接触的初期开始，网络的报纸内容的"收费"与"免费"的纠结就已经开始。即使是今天，在内容生产和全媒体、云报纸探索方面可圈可点的《南方都市报》《成都商报》《京华时报》等报纸，也没有提出明确的收费时间表。之所以这样，除了这些报刊感觉自身准备不足之外，或许是一些探索收费但结果铩羽而归的报纸的教训，加剧了中国报纸在付费墙探索之路上的不自信。但是，报纸自身付出了巨大生产成本而形成的有价值的产品，不可能永远成为"免费的午餐"。对此，一批职业传媒人认识到了问题的严重性，敢怒敢言，但也有些无奈。例如，《中国青年报》的曹林在他的微博上激愤地说："如果哪一天全世界电脑的复制和粘贴键都突然失灵，那么网站基本上就得关门，新媒体就会成为死媒体。这样说，倒不是因为传统媒体人的自负，而是想强调两者的互补关系，两者已经融为一体，离了谁都不行。"破解"免费"与"收费"纠结，可能需要破解三个"结点"：第一，原创的具有独特价值的内容生产。报纸的优势、报纸的力量来自于它报道的客观、真实和公正、深刻。而对信息进行深度处理，揭示真相，描述事实的本来面目，提出独家观点，设置议程，表达民意，是报纸优于其他大众传媒的地方。这是报纸的数字内容构建付费墙的自信产生的基点。在整个的数字传媒产业生产价值链上，报纸只能是以优质内容提供占据链条的一环。内容的价值不存在的话，呈现和促销等做得怎样精致，"终端占有"如何的"全媒体"，都不可能黏着体验者，都不可能成功设置付费墙。不只是《纽约时报》《华尔街日报》《金融时报》证明了这一点，财新传媒从 2012 年元旦开始实行收费阅读也说明了这一点。第二，利用版权法律，保护报纸原创的、具有不可替代价值的收费内容。对于那些肆无忌惮地"复制""粘贴"的网站及其相关媒体，报纸要勇敢应对，诉诸法律，主张权利，才能遏制其无偿复制、免费转刊趋势的蔓延。第三，需要探索构建报纸网络内容收费的具体方式。无论是采取分类付费、计时付费，还是计量付费、线上线下捆绑式付费，具体的收费方式的选择，则需根据报纸的内容影响力范围和忠诚用户规模来确定。

四个"纠结"的破解，既要求报业组织自身的不断创新，又需要国家媒介规制部门不断释放制度资源，优化报纸自主的内容生产环境。这里既涉及产业规制与产业政策的优化，又涉及法治与版权环境的优化以及传媒市场环境的升级与优化。

　　构建自身的客户、产品、呈现、价格、促销等运行要素，同时能够破解"专业"与"宣传"、"通稿"与"个性"、"市场"与"超市场"、"免费"与"收费"四大纠结的报纸，或许能够成为成功设置付费墙的第一批中国报纸。报纸在与网络媒介平台的融合过程中，付费墙是报纸生死攸关的抢占数字媒介版图内容生产商的价值创造与提供的市场制高点的关键战役。除了构建付费墙，似乎报纸别无选择。而能够成功构建付费墙的中国报纸，必然是那些市场化程度最高、能够为它的忠诚用户者提供不可替代的价值体验的报纸。

《纽约时报》付费墙及其对
中国大陆报纸的启示*

目前全球范围内最引人注目的传媒发展大事件，非《纽约时报》引领的数字报纸付费墙战略莫属。小小的付费墙既牵动着以报业为代表的传统媒体数字化战略走向的成败，又影响着数字传媒产业版图的博弈走向。如果说付费墙是报纸在数字媒介产业版图中走向复兴的最后一根"稻草"的话，那么，这根"稻草"也是形成数字报纸核心竞争力的基本支点。《纽约时报》付费墙的成功设立，不只是为美国报纸的止跌回升，也是为全球报纸在数字化时代的复兴树立了一个标杆。本文着重解析《纽约时报》自身付费墙的探索过程及其相关因素，并揭示《纽约时报》案例对于中国大陆报纸数字化转型发展的一些启示。

一 《纽约时报》付费墙

虽然《纽约时报》付费墙成功的效果，是在 2012 年下半年陆续显现出来的，但付费墙并不是一蹴而就的。《纽约时报》付费墙探索的起点，可以追溯到 20 世纪 90 年代后期。大约是在 1998 年末的美国 NAA（美国报纸协会报纸经营管理者大会）发行人大会上，小苏兹伯格曾请求比尔·盖茨收购《纽约时报》。对此，有人

* 发表于《新闻大学》2013 年第 2 期。本文合作者为美国密苏里大学新闻学院高级社会研究中心主任，美国唐纳德·W. 雷诺兹新闻研究院科研副主任孙志刚博士。

不无尖刻地评论说："这是传统媒体向数字媒体发出的第一声哀鸣。"尽管这个时候的网络还很弱小，但《纽约时报》已经敏锐地感受到了这一新兴媒介的压力，并确立了"数字优先"（digital first）的战略，果断地开始了数字化转型。纽约时报公司网站NYTimes. com 在 1996 年 1 月建立，为读者提供报纸内容的在线阅读。仅仅在 1996 年 4 月，网站日均用户即多达 140 万。1999 年，纽约时报公司成立"纽约时报数字部"（New York Times Digital），将当时公司旗下的 NYTimes. com，Boston. com，NYToday. com 等所有互联网部门整合在一起，独立核算，自主经营。2001 年 10 月，《纽约时报》推出时报电子版，在网站 NYTimes. com 和 Newsstand. com 提供收费订阅，用户可以将电子版下载到电脑或笔记本上离线阅读。① 这大约可以视为《纽约时报》付费墙的滥觞了。不过，付费墙的正式"实验"是 2005 年 9 月"时报精选"（TimesSelect）上线。这一核心产品，极大地提升了《纽约时报》数字内容的影响力。仅仅到该年的 11 月中旬，有 27 万人注册，其中一半为非《纽约时报》印刷版订户。至 2006 年 7 月，"时报精选"拥有 46.5 万订户，其中 38% 为非印刷版订户；17.7 万订户每年付 49.95 美元。同时，该网站又转向大学生，以五折的价格吸引他们。当时，美国媒体认为 TimesSelect 网站是一个成功的例子：在相当短的时间内，它有了近 50 万订户，给《纽约时报》公司每年增加 1000 万美元收入。至 2007 年 9 月，TimesSelect 共有 22.7 万付费订户，47.1 万《纽约时报》印刷版订户和 8.9 万大学生订户。客户总量为 787400 人。到了 2007 年 7 月，《纽约时报》停止 TimesSelect 的收费，内容免费（除获取 1923～1986 年的文章仍然收费外）。实验告一段落，但探索并没有停止。直到 2011 年 3 月 17 日，《纽约

---

① New York Times Electronic Edition，http：//www. nytimesee. com/offer. php? id = 15.

时报》正式建立付费墙。

"付费墙"（Pay Walls），是传统报纸对其在线内容实行有价阅读而建立的支付模式，是报纸提供商对在线内容实行付费阅读的"准入"系统。付费墙的具体方式是多种多样的，可以硬付费（将读者与网络内容完全隔离，在线支付以前读者看不见网络中的任何内容），可以软付费（允许读者阅读一部分内容后，计时付费、计量付费，或者残缺吸引、捆绑订约、微支付等）。《纽约时报》选择了多孔计量收费墙，即"印刷＋"（一个电子商务平台，帮助出版商落实灵活的订购）的模式。这种模式，并不是将用户与内容完全隔离的铜墙铁壁，而是一种收费与免费相结合的"篱笆墙"。根据这一模式，《纽约时报》纸报的订阅用户可以在任何想用的设备上"全面免费获得该报的新闻、信息和观点"；非订阅用户，每月可以免费浏览 20 篇文章（2012 年 4 月已经减少为每月 10 篇），一旦超过限额，就只有签约成为电子订阅读者才能继续浏览。计量收费的重点在于如何决定免费内容的数量以及订阅的价格。对此，纽约时报公司进行了有效的探索。除了该报的印刷订户可将其账户与网络版关联获取免费的数字访问之外，针对纯数字的用户则有三个计划获取数字产品服务：每周 3.95 美元电脑登录 NYTimes.com 和智能手机访问 NYTimes.com；平板电脑访问每周 5 美元；每周 8.75 美元则可登录全数字化平台，包括网站、平板电脑和移动设备。印刷版送货上门的费用是每周 12.10 美元。纽约时报公司希望能够将更多的闲散网络用户转变为忠诚的付费用户。从 2012 年 4 月开始，纽约时报公司每月免费提供给网络用户的文章数量从 20 篇降到 10 篇，以此推动数字用户的订阅而不是减少流量。免费阅读文章数量降低的一个主要原因是仅仅到了其付费墙的第一个生日里，就成功获得了 45.4 万数字付费订户。而为了吸引更多的用户，《纽约时报》形成了一些针对数字用户的优惠措施，例如，为用户提供他们前四个星期的收费服务仅为 99 美分等。即使是那些已经达到了 10 条免费阈值的用户，仍可以通过外部链接、搜索结果或社区共享等接触点，来阅读所需文章。例如，通过谷歌搜索访问付费网页等也是那些非付费用户的主要途径。因此，付费之门是"虚掩"着的。纽约时报公司承诺：允许一天 5 个免费访问的上线不会减少。这种收费与免费相结合的计量付费模式的好处在于，免费的内容能吸引一般用户用以维持网站的浏览量和影响力；付费的部分则可以增加数字内容的发行收入，一举两得。另外，《纽约时报》巧妙地想出了一条让许多人免费订阅的方法来吸引用户。例如，它们与知名汽车品牌"林肯"签订了一份广告协议，让试驾"林肯"汽车的人绕过付费墙，免费使用《纽约时报》的产品。没有人知道有多少人获得了这样的待遇，但是这帮助了《纽约时报》提升业绩。

在付费墙的探索过程中，人们一般比较担忧，付费墙的设置会使网络流量（overall online traffic）显著减少，或者付费墙的建立会使页面点击率（number of page views）显著下降。但事实上，《纽约时报》付费墙的构建过程中，并没有出现这两种情况。同时，研究表明，实施付费墙有助于报纸保留现有订户，因为他们可以在报纸网站和其他数字化平台（比如智能手机、平板电脑）上免费提供所有内容（或至少可以帮助报纸更长时间地保留现有读者）。①

"时报精选"的付费机制被《纽约时报》成功地延伸到了该报的所有在线内容。到 2011 年年末，《纽约时报》的数字用户订阅总量即达到 39 万人；到 2012 年 3 月，根据《纽约时报》发布的第一份关于付费墙设立后的运营情况报告，除了 25 万名用户订阅网

---

① Kafka, P.（2010，October 19）. A newspaper pay wall goes up - so do visitor numbers. http://allthingsd.com/20101019/a - newspaper - paywall - goes - up - and - so - do - visitor - numbers/.

站内容外，还有7.5万用户订阅了该报的 iPad 版和电子阅读器版。尤其是到了2012年年底，《纽约时报》付费墙的效果，在以下两个方面充分体现出来。

第一，付费读者规模持续上升。《纽约时报》的付费墙在2012年3月它的第一个生日里，即继续超越期望值，已拥有45.4万个数字付费订户。从2011年第一季度以来，每个季度的数字用户不断攀升。图1是《纽约时报》2011年第二季度~2012年第一季度数字用户的数量，图2是2011年第三季度~2012年第三季度《纽约时报》每季度数字付费用户增长量。

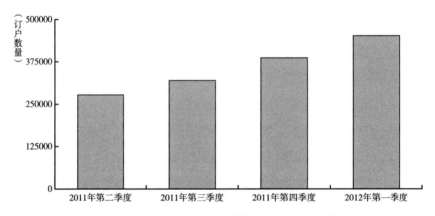

图1 2011~2012年《纽约时报》数字用户季度数值

数据来源：Ryan Chittum, "The WaPo Ombudsman's Faulty Paywall Analysis", http://cjrarchive.org/img/posts/nytdigsubs.jpg。

实际上，到了2012年第四季度，《纽约时报》付费用户规模已达62.9万人。据预测，到2013年第一季度结束，《纽约时报》将有85万电子版付费订阅用户。

第二，报纸的营收扭亏为盈之后，一路上扬。《纽约时报》发行收入从2010年7月至2011年3月平均下跌了3.6%（2010年第二季度良好的销售业绩受益于价格上涨）。但是，付费墙的设置彻底改变了这一营收下跌的数值轨迹。《纽约时报》2011年的数字收

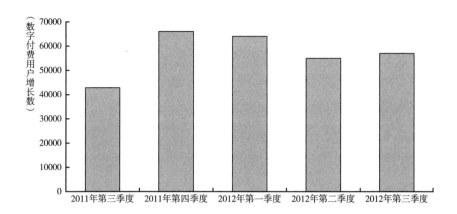

图 2　2011 年第三季度～2012 年第三季度《纽约时报》每季度
数字付费用户增长数值

数据来源：Ryan Chittum，"The paywall prevents a deeper downturn at the NYT"，http：//www. cjr. org/the_ audit/the_ paywall_ prevents_ a_ deeper_ 1. php。

入达到2.1亿美元，超过其运营成本。这是一个重要的里程碑式的转折点。此后，其营收则持续上扬。到了 2012 年年底达到 7.683亿美元。彭博社于 2012 年 12 月 29 日发布消息称，《纽约时报》线上线下的总订阅收入达到 7.683 亿美元，比广告收入多出 5290 万美元，成为该报第一大收入来源。同时，这也是《纽约时报》的总订阅收入首次超出广告收入。

《纽约时报》付费墙的成功，已经成为传媒经济学界关注的重要议题。美国传媒经济学家肯·多科特（Ken Doctor）将包括《纽约时报》在内的报业付费墙的相关因素概括为"5P 策略"，这是很有见地的。客户、产品、呈现、价格、促销是支撑纽约时报付费墙成功的五个支柱。首先是对报纸在线内容的体验者（People）的深度开掘。纽约时报公司使用数字注册的方式，建立用户数据库，将单个客户的全部资料与订阅者数据库进行匹配，从而获得完整的读者资料。挖掘客户的阅读需要，洞察客户的阅读体验，建立体验者客户数据库，为目标市场提供精准对位的产品及其信息服务，这是《纽约时报》成功设置付费墙的前提。其次是提供有价值的产品（Product），这是《纽约时报》实现收费的关键。早在"时代精选"的探索期，《纽约时报》即组织来自本报和国际先驱论坛的14名新闻专栏作家以及8名有影响的Op-Ed专栏作家，提供"品牌"评论和深度分析，以吸引数字用户。到了正式设立付费墙的阶段，则更注重围绕印刷报纸的根本，打造独特的内容/信息产品组合，并将这些产品通过多种数字终端呈现出来，与具体用户需要联系起来，将自身作为全球有影响力的主流大报的内容生产优势和品牌影响力成功地延伸到了数字内容与产品，为目标客户提供高价值的、专业的、原创的、不可替代的、排他性的产品和服务，形成了难以替代的竞争优势。以用户为中心，采用融合型渠道实现产品的呈现（Presentation）则使《纽约时报》实现了产品与用户的有效联结。除了为用户提供大量的文字产品之外，《纽约时报》非常重视为用户提供图片、音频、视频、互动格式、APP应用等多媒体呈现的产品，以满足用户在搜索引擎、数据库检索、社交网络，或者电子阅读器、手机、平板电脑等移动终端的接触。这样一些呈现途径与手段，刷新了用户对于付费墙准入模式的认知。合适的价格（Pricing）是《纽约时报》获得规模经济利益的核心。所谓合适的价格强调的是产品的定价与其价值匹配。实际上，在互联网上是绝对不存在什么无法翻越的付费墙的。无论报纸采用何种数字手段加固付费墙的技术门槛，一些技术高超的"黑客"或用户总会找出"翻墙"的办法与途径。只要价格合适，尽可能使"翻墙"不那么容易，付费的成本低于"翻墙"所付出的经济成本与社会成本，对报纸忠诚度高的人就可能愿意为之付费。符合目标体验者需要的促销（Promotion）手段，也是《纽约时报》付费墙成功的条件之一。除了常规的广告、公关活动、SP促销等线下产品促销方式之外，在与用户有效联结的基础上，注意紧紧抓住"网生代"用户的媒介接触行为及其对于付费墙准入模式的心理。它们成功使用了固网、移动网一体化促销的网络整合营销传播，包括博客、Twitter、Facebook、APP应用、部分免费阅读等手段。尤其是与付费相结合的展示其产品魅力的"部分免费阅读"成为《纽约时报》屡试不爽的"付费诱饵"。

二　对中国大陆报纸的启示

付费墙是中国报纸数字化与市场化进程中绕不过去的"深水区"。如果在未来的数字传媒产业版图中，报纸依然能够占有一席之地的话，它可能是基于付费墙而获得的。今天的一部分报纸倾力探索的"全媒体""云报纸""APP应用"等数字化的不同模式，如果没有付费墙的支持，将转化为经济学中的沉没成本。《纽约时报》付费墙的成功，对于中国大陆报纸至少有如下五个方面的启示。

1. 从传统纸报的内容为王向数字时代的产品为王的转型

作为全球报业领域的"报纸的报纸"，《纽约时报》的内容生产一直为人所称道。它以客观和专业的态度持续不断地关注和记录社会上正在发生和形成的历史，它以务实、开放、求证的心态冷静观察社会走势，以建设性的视角来报道"一切值得报道的新闻"。尤其是它的深度报道常常以专业的视角、专业的工具与方法、深层关怀与价值判断，引导读者更加真切地洞察这个世界，以此，铸就其"百年大报"的核心竞争力。但是，纽约时报公司并没有简单地将自己的纸质内容平行移动到数字领域，而是实现了从传统纸报的内容为王向数字时代产品为王的转型。数字媒体的产品一般有内容、规则、渠道（关系）三个构成要素。如果说"内容"就是我们通常所谓的"资讯"与"观点"的话，那么"规则"就是内容与内容、内容与载体、产品的功能流程、媒介与用户之间的关联方式，渠道（关系）则是承载内容的数字介质平台。从"内容"走向"产品"，接触终端规则与体验者需要对内容生产的制约凸显出来，用户的分享、评论、参与制作，已经成为数字媒介产品的重要特质。尤其是在移动互联网崛起、社会性媒体大行其道的今天，移动互联网的"SoLoMo"模式将社交（Social）、本地化（Local）、移动（Mobile）三者"混搭"结合，从而将虚拟网络与真实生活连接起来，传媒已经深深地嵌入用户的生活圈层之中，"关系"已经成为传播的重要渠道，也是"内容"推荐的重要机制。这种由内容、规则和渠道三要素构成的"产品"，其内涵远远超过了传统意义上以"资讯"和"观点"为核心的"内容"，已经转化成为用户参与创造的"内容服务"。重视对报纸专业内容生产（PGC）与用户内容生产（UGC）的整合是《纽约时报》产品的一个特色。从 2009 年 3 月开始，纽约时报网站开办了一个地方社区新闻网站，主要发布纽约时报记者和社区用户的帖子。包括社区学校、餐厅、商业、房地产、经济、犯罪等社区生活的相关资讯，在这里得到分享和评论。

从"内容"生产向"产品"提供的转型，进一步凸显了付费墙中"产品"的极端重要性。对付费墙而言，媒介的核心竞争力，不是平台，也不是渠道，而是产品。产品作为传媒价值的承担者，内涵发生了变化，构成要素发生了变化，但其地位没有变化。在今天的数字新闻生产过程中，媒介所提供的内容与提供方式同样重要，内容质量与服务质量同样重要，满足内容需求与满足服务要求同样重要，内容获知体验与服务全程体验同样重要。这一点，《纽约时报》有非常明确的认识，并且已经转化为该报的数字化发展的战略之一。2009 年 3 月，《纽约时报》研发实验室（Research & Development）的尼克·比尔顿（Nick Bilton）在一场演讲中表达了

《纽约时报》对未来形态新闻发布所做的准备。他指出，"报纸只是一个载体"，下一代人将习惯于及时获取信息，届时将出现可折叠显示器、完全定制的视频和图片服务、更多的用户生成内容。《纽约时报》则要探讨如何利用日常生活中无处不在的探测器，向用户设备提供相应的智能内容。① 回首美国及西方报业自 20 世纪 90 年代中期到现在的变化，真正令人可怕的不是报业读者如何流失和经营模式的解体，而是新媒体和新媒体技术发展速度惊人！如何站在网络传播的制高点上打造全新的产品，追求具有独特价值产品的生产与聚合，始终是《纽约时报》不变的追求。这也是付费墙得以成立的支点。例如，纽约时报设计部在 2012 年 12 月 27 日制作的《雪崩》（Snow Fall），用视频、照片、图表等多媒体手段将内容展现变得非常自然，不仅能够黏着用户，还能够让用户获得独特的体验，让用户看后觉得新颖、有用和过瘾。这或许对未来数字新闻的呈现也会有所启迪。《纽约时报》的探索说明，如果产品足够优秀，用户也会放弃"免费午餐"，愿意支付相应的代价。

2. 以品牌影响力为基础，培养重度体验者和品牌忠诚者

毫无疑问，《纽约时报》是一个具有强大品牌影响力的"百年大报"。它的目标读者是那些精英人士、富裕阶层和受过良好教育的高端人士。在数字化时代，尽管它受到了《赫芬顿邮报》等被认为是"六年打败一百年"的新锐数字媒介的挑战，但其丰厚的品牌资产，是它能够聚集大规模数字用户的强大后盾。无论是 1996 年纽约时报公司网站 NYTimes. com 上线、1999 年纽约时报公司整合互联网业务而成立"纽约时报数字部"、2001 年《纽约时报》推出时报电子版，还是 2005 年"时代精选"（TimesSelect）

---

① Sensors, Smart Content, and the Future of News, http：//www. readwriteweb. com/archives/ sensors_ smart_ content_ and_ the_ future_ of_ news. php.

上线、2011 年《纽约时报》正式建立付费墙，品牌影响力的拓展与深度开发，纸媒品牌资产的数字化转化，一直是《纽约时报》培养重度体验者基础和动力。数字媒体把内容（包括 UGC）提高到了前所未有的高度，把用户提高到了前所未有的高度，把广告商提高到了前所未有的高度，把媒体经营模式提高到了前所未有的高度，同时也把媒介品牌提升到了新的高度。媒介的产品、用户、广告商、经营模式都指向品牌，指向重新创建用户信任以及社区关系。如果媒介能重塑这一关系，就能进入数字领域的大部分区域中，并立于不败之地。专注于社会经济、科技领域的报道的《纽约时报》，不仅仅创造了理性、建设性的深度报道，它的国内新闻、国际新闻、健康报道、体育报道以及它的言论和专栏版等，都是它的品牌产品之一，因此吸纳了巨量数字内容体验者。其中的规模付费者，只是它的一部分重度体验者和品牌忠诚者。这个强大的品牌促进了用户的忠诚度和满足感，以至于部分用户愿意采纳小额支付。

3. 建立系统的市场推广模式

《纽约时报》等报纸的付费墙重新确立了数字时代的用户必须为具有不可替代价值的产品付费、传媒产品等价交换的原则。从市场的角度看，报纸付出了巨大成本而形成的有价值的产品及其服务不可能永远成为"免费的午餐"。正如肯·多克特所概括的，《纽约时报》付费墙的成功，有赖于其系统的市场推广模式。这一市场推广模式包括客户、产品、呈现、价格、促销五个要素策略。当然，统领这一模式的核心要素是客户与产品。对客户的深度洞察，挖掘体验者的阅读需要，建立客户数据库，为目标市场提供对位的产品与服务，这是成功设置付费墙的前提。通过体验者数据库，在对目标市场深刻洞察的基础上，形成内容生产平台，为客户提供高价值的、专业的、不可替代的、排他性的产品和服务，是吸引并黏着忠诚体验者的不二法宝。如果产品的价值不存在的话，无论呈现和促销、价格等做得怎样精致，"终端占有"如何的"全媒体"或者"云端化"，都不可能黏着体验者，都不可能成功设置付费墙。《纽约时报》的付费墙证明：报纸在与网络媒介平台的融合过程中，付费墙是报纸生死攸关的抢占数字媒介版图中内容生产商的价值创造与提供的市场制高点的关键战役。除了构建付费墙，报纸的复兴似乎别无选择。而能够成功构建付费墙，必然是那些市场化程度最高、市场推广体系完备、能够为它的忠诚用户者提供不可替代的价值体验的报纸。

4. 数字化与全球化战略并举

付费墙只是《纽约时报》数字化战略的一个关键步骤。实际上，纽约时报公司正在利用它的网络技术和卫星通信技术从"纽约中心化"向国家品牌推进，并持续提升着它的全球影响力。《纽约时报》秉承"一旦生产，最大化传播"的原则，已经部分地实现全球化。纸质版的 1/3 读者居住在美国以外的国家和地区；200 万的《纽约时报》支付（印刷和数字）用户中，约 10% 生活在美国之外；《纽约时报》有 70 名全职报道员工和记者在美国以外的国家和地区工作。发行人小苏兹伯格 2012 年在巴西圣保罗宣称，《纽约时报》如今的驻外国记者数量比以往任何时候都要多。"可以预见的是，浏览 NYTimes.com 网站产生流量最大的前四个国家是英语母语国家：美国，然后是加拿大、英国和澳大利亚。但这不是我们推广移动应用程序的顺序。我们 iPhone 的流量第一名来自美国，但是，紧随其后的是中国、加拿大、韩国和日本。"2012 年6 月，《纽约时报》推出了中文版；2013 年下半年，《纽约时报》将在巴西推出新的葡萄牙文网站。中国版《纽约时报》的成功是其作为一个全球扩张战略的模板，巴西版将遵循类似其"中国版"的路径和模式：大约 2/3 的内容（大约 20 ~ 30 篇文章）将来自美国版《纽约时报》，其余 1/3 将来自当地报道；记者和技术人员主要包括 30~35 名当地员工；将遵循《纽约时报》付费墙战略，即每个月可免费阅读 10 条新闻，用户如果想接触更多的产品则需登录英文版本时报网站并付钱。①

在 2012 年最后一天，《全球新闻周刊》总编蒂娜·布朗在"每日野兽/新闻周刊"网站撰文说："有时候，变不仅是好，而且有必要。"②《纽约时报》付费墙的成功设置及其意义，这一变化非常值得中国大陆报纸深思。

---

① Ken Doctor, Where the father once worked to make the Times a national brand, the son has much broader ambitions, http：//www. niemanlab. org/2012/10/the – newsonomics – of – the – new – york – times – expanding – global – strategy/.

② Brown, T. （2012, December 24）. A new chapter: Sometimes, change isn't just good, it's necessary. http：//www. thedailybeast. com/newsweek/2012/12/23/a – new – chapter. html.

中国政府与传媒的双向互动关系初探[*]

传媒与政府的双向互动关系的构建，是推进传媒业符合规律发展的重要基础。随着中国大陆社会、政治、经济的发展和网络技术的普及，传统的传媒与政府的关系已经悄然改变，新型的传媒与政府之间的双向互动关系开始构建。

一 传统体制之下的政府与传媒关系

1978 年以前，中国大陆属于一个总体性社会（孙立平，2005）。在一个总体性社会中，大众传播媒介被纳入社会组织传播系统之中，传媒与政府的关系表现为政府对传媒的单向控制。这一单向控制关系形成的基本依据如下所述。

第一，传媒国有，党管媒体。统一的具有权威的中央政府的建立是中国现代化历程中的重大事件。新政府围绕现代化目标，整合所有国内资源，包括整合新闻传媒资源。与此同时，在新民主主义革命过程中形成的"党管新闻"的基本体制，一直延伸到 1949 年以后。以"笔杆子"来控制人民思想，视传媒为"党和人民的喉舌"一直是中共中央指导传媒工作的重点方向（林枫，1997）。在新中国成立之前，在中国共产党的新闻事业之中，报纸和其他新闻

---

  * 发表于《当代传播》2012 年第 1 期，人大报刊复印资料《新闻与传播》2012 年第 7 期全文转刊。第二作者为湖北大学新闻与传播学院教师陈薇。

媒介一直作为革命事业的一部分。为了确保新闻宣传中的党性原则，中国共产党主要依靠行政命令的手段对报纸进行管理，由此确定了党管新闻的基本体制。这种体制，虽然考虑到了党和政府在功能上的分工，于1949年11月1日，设立了新闻总署，但传媒管理的基本模式还主要是在党的领导之下。1951年9月18日，胡乔木向《人民日报》的编辑记者做报告《为没有错误的报纸而奋斗》时指出："党需要一个集中代表每天和群众见面。这个集中的代表，不是全体党员，也不是毛主席，而是报纸；只有报纸能够代表党向群众说话。""人民日报已成为衡量各种事物的尺度，形成舆论的代表者，党内思想也以人民日报为方向。"加之20世纪50年代对前苏联模式的全面采借，强化了党管媒体的体制，进而对传媒实行高度的集权化管理，形成传媒国家所有、党管媒体的体制。这一体制，在媒体的所有权上，是传媒国家所有；在传媒内容生产中，是新闻报道宣传化，服从于党和国家的各项中心任务；在对传媒运行的指导和管理方面，党管传媒。这一体制对传媒的基本功能定位，凸显了其"党和政府的喉舌"功能。

而这种对媒体的管理体制，并不局限于新中国成立初期。直至江泽民主政时期，这种坚持"党性原则"以及"要政治家办报"亦为中共中央视为媒体的"任务"（林枫，1997）。其间，邓小平要求，"党报党刊一定要无条件地宣传党的主张"（邓小平，1994）。江泽民表示："我们国家的报纸、广播、电视等是党、政府和人民的喉舌。"（江泽民，1991）。纵然在20世纪80年代末期，中国大陆曾经有过一段比较活跃的"思想解放"的时期，讨论新闻法制和新闻自由的论文公开发表，国家新闻出版署甚至拟订了《中华人民共和国新闻法》草稿，人民日报社前社长胡绩伟等更提出"人民性应该高于党性"的主张，但"党管媒体"的体制并未松动。

第二，传媒不是生产事业。1948 年 11 月 8 日，中共中央颁布的《中共中央关于新解放城市中中外报刊通讯社处理办法的决定》指出："报纸刊物与通讯社是一定的阶级、政党与社会团体进行阶级斗争的一种工具，不是生产事业，故对于私营报纸、刊物与通讯社，一般地不能采取对私营工商业同样的政策。除对极少数真正鼓励群众革命热情的进步报纸刊物，应扶助其复刊发行以外，对其他私营的报纸、刊物与通讯社，均不容采取鼓励政策。而且因为中国所谓私营的新闻宣传事业，绝大部分有反动的政治背景，对这些所谓私营报纸刊物与通讯社，如果采取毫无限制的放任政策，也会使某些反动的政治势力容易获得公开地合法地联系与影响群众的阵地，则对人民极为不利。"这一决定，有三层内涵影响到报纸传媒与政府的关系的界定：（1）报纸不是生产事业；（2）报纸是阶级斗争的工具；（3）私营报刊的绝大部分有反动的政治背景，对它们不容鼓励出版。这是 1949 年以后，报纸的去市场化发展的政策依据之一，也是改造私营报刊的重要政策依据之一。

第三，现代化"采借"的需要。20 世纪 50～70 年代，是中国大陆现代化进程中重要的采借阶段。中国的现代化事业启动的时候，现代化已经不是一块未开发的处女地，已经实现现代化的国家，例如，美国和前苏联、英国等国的发展已经使大陆看到了自己的现代化前景。因而，社会主义建设事业一开始，中国大陆就将现代化的任务全面铺开，试图在较短的时间内，就将其他国家在不同阶段里解决的问题"一揽子解决"，从而实现现代化的全面推进和社会的全面发展。学习苏联，"大跃进"和"赶英超美"等"采借"战略，都需要报纸等传媒履行社会动员的职能。

第四，意识形态整合的需要。中国大陆的现代化建设又是在国际上资本主义与社会主义两大思潮冷战竞争的背景下展开的。国际上的抗美援朝，国内生活的社会主义改造、"三反""五反""反右""社会主义教育"，以及二十世纪六七十年代的"文化大革命"等各次政治运动，在一定意义上，是属于中国共产党领导国民进行意识形态的纯洁化与理想化的活动。这些政治运动的发动、推进和深入，基本上主要通过当时的报纸及其他舆论工具来进行。

因此，在改革开放以前的传统体制之下形成的政府与传媒的关系是一种单向的控制关系。这样的政府与传媒关系的框架下，传媒是党和政府的喉舌，是组织传播的媒介、是政府行政权力的延伸，是国家的宣传机器。

二　影响中国政府与传媒双向互动关系形成的直接因素

中国政府与传媒单项控制关系向双向互动关系的演进，有其深刻的社会政治、经济、文化动因。而从社会转型与传媒转型的直观层面，我们认为，至少有以下四个方面的直接因素，影响着政府与传媒关系双向互动关系的形成。

（一）社会治理理念的转型：从"以国为本"到"以人为本"

在社会转型的过程中，中国社会发生了全面而又深刻的革命性变化。不仅仅从社会结构上，发生了总体性社会向分化型社会的过渡，社会资源占有的国家垄断模式向多元社会组织相对分散拥有模式的变迁，地方绝对服从国家的总体性生存格局向地方相对独立的生存格局的变化，而且社会组织、社会成员的身份、社会制度、文化制度、社会生活方式、社会主体的价值观念和文化人格等都发生了巨大的转型。如果把 1978 年以来的社会叠加发展进一步细化分析的话，它的整体实践逻辑走向是"总体性社会—转型开始的分化性阶段—转型的断裂阶段—转型的博弈阶段—转型的整合社会阶段"。正是这一系列社会转型实践逻辑的逐步展开，社会的民主化进程也逻辑地展开了。通过社会转型的逻辑展开过程，中国社会整体从一个"以国为本"的社会进入到"以人为本"的社会。

所谓"以国为本"的社会，是指国家是社会结构的核心和社会运行的根本，国家超国民而存在。在国家与国民的关系中，国家处于优先地位；在公民利益与国家利益发生冲突的时候，个人服从于国家；国家利益高于一切，在地方与国家的关系中，地方无条件服从国家整体。"以国为本"的社会中，有两个特点十分突出：第一，国家垄断着全部社会资源。无论是经济资源还是行政资源，无论是生产资料还是生活资料，国家对社会实行严格而全面的控制，形成了强国家、弱社会的结构模式。第二，个人依附于"组织"而存在。整体的国家生活，依靠极为强有力的行政整合手段来实现。整个国家按照统一计划、集中管理、总体动员的原则被组织起来，所有的社会成员都被纳入各种组织之中。在农村，最基本的组织是人民公社，通过人民公社及其下级组织整合农村社会成员，在城市以单位为主干辅之以街道居委会系统，整合居民。同时，党、政、工、团、妇等组织贯穿其中，各级各类组织的同质性极高，全国形成一个庞大的行政性组织体系。个人只是这个国家庞大组织的"齿轮和螺丝钉"，必须依附"组织"而存在。在某种意义上，个人是为组织而存在的。人成为社会的手段，而不是目的；社会成为目的，而不是手段。

所谓"以人为本"的社会，是指国民成为社会主体和社会运行的根本，成为一切社会组织服务的焦点，社会发展观念以人为中心，把人看作是社会发展的最高目标。在国家与国民的关系中，国民处于优先地位；国家为国民而存在，国民的"安全""安乐""安心""安稳""安定""安宁"是国家存在和发展的根据；国民的幸福和利益是国家利益的集中体现，国民生活幸福指数的上升成为国家发展与进步的主要标志。"民生""民权""民主""民心"成为"心态""人态""生态""国态"的基本问题。目前正在构建的"和谐社会"的目标就是建设"以人为本"的社会。中国共产党的执政理念是"立党为公，执政为民"，强调"权为民所用，情为民所系，利为民所谋"，已经把公民设定成为社会运行和政治、经济、文化等个在社会资源配置的中心。无论是民主法治、公平正义、诚信友爱的社会，还是博弈均衡、多样统一、充满活力、安定有序、人与自然和谐相处的社会，和谐社会的目标都是成为一个人性化的、人权得到有效保障的社会，一个有利于人的生存和发展的社会，一个人的自由创造本质能够得到充分实现的社会，一个制度化生存、稳定有序的社会。在这里，国家、社会、政党、军队等为人的幸福与福祉而存在，而不是相反；公民的需要与尊严、价值与安全、幸福与健康、权利与利益成为社会的物质文明、精神文明、政治文明建设的最高目标，成为衡量社会全面、科学、持续发展与进步的唯一尺度。

有学者概括中国社会治理变革的主要线路图为："从一元治理到多元治理；从集权到分权；从人治到法治；从管制政府到服务政府；从党内民主到社会民主"（俞可平，2008）。而多元治理、法治、服务政府、社会民主等治理方式的指向，与社会治理理念的"以人为本"是内在一体的。

（二）政府角色的转型：从控制型政府到服务型政府

在改革开放的过程中，政府角色也正在发生转型，即从对社会资源的所有者、国民的控制者角色转向服务型政府。服务型政府不是社会生产的组织者和经营的决策者，也不是社会交换和分配的参与者和调解者，更不是唯一的社会经济活动的管理者，而是代表全社会利益、维护社会的公平与正义、为社会主体服务的"守夜人"。它的基本职责在于："政府应维护法律和秩序，界定产权，充当我们修改产权和其他博弈规则，裁决在解释规则上出现的争端，强制执行契约，促进竞争，提供一个货币框架，从事抵消技术垄断的活动，克服各种被公认为十分重要因而必须对其实施政府干预的领域效应，政府还应在保护无责任能力者（精神病人或儿童）方面辅助私人慈善团体和普通家庭——这样一种政府无疑有很重要的职能要履行。"（米尔顿·弗里德曼，2002）依照服务型政府的要求与特征来观察现实，中国政府已经开始彰显服务型政府的"经济调节、市场监管、公共服务、社会管理"的特质。尤其是在2007年3月16日闭幕的第十届全国人大五次会议上，无论是《物权法》《企业所得税法》的通过，还是推动科学发展、促进社会和谐、解决民生问题、推进民主化进程，都将作为中国历史发展、政府转型的里程碑而载入史册。通过大众传媒，关于和谐社会、反腐倡廉、食品安全、环保、住房、教育等问题，人们听到了代表委员坦诚的批评、高调的问责、激烈的辩论，使人们感受到会议对于国民生存状态的困境与积弊的密切关注，正在"使事情进入一个可治理的状态"。虽然进入可治理状态本身不是解决问题，但却可以使解决问题成为可能，这是保持转型社会生活基础秩序的基本底线。《政府工作报告》的关键内容成为政府角色转型的重要执政资源。例如，"民生"问题从来没有像今天这样受到政府的重视："坚持以人为本，促进社会事业加快发展，积极解决人民群众最关心、最直接、最现实的利益问题，维护社会公平正义，让全体人民共享改革发展成果"；国民满意，也成为政府转型的目标要求："必须坚持以人为本、执政为民，把实现好、维护好、发展好最广大人民的根本利益作为出发点和落脚点；必须坚持从国情出发，实现党的领导、人民当家做主和依法治国的有机统一；必须坚持不断完善社会主义市场经济体制，促进经济社会全面协调可持续发展；必须坚持创新政府管理制度和方式，提高政府工作的透明度和人民群众的参与度。我们的目标是，建设一个行为规范、公正透明、勤政高效、清正廉洁的政府，建设一个人民群众满意的政府。"（温家宝，2007）而在闭会之后旋即举行的中外记者招待会上，温家宝总理对"社会主义初级阶段的任务"、"民生"与"民主"问题又进行了精彩阐述。在社会主义初级阶段的建设过程中，"要实现两大任务，推进两大改革。两大任务就是：一是集中精力发展社会生产力；二是推进社会的公平与正义，特别是让正义成为社会主义制度的首要价值。两大改革：一是推进以市场化为目标的经济体制改革；一是以发展民主政治为目标的政治体制改革。"在经济体制改革已经取得了辉煌成就的今天，推进政治体制改革，就要"减少权力过分集中的现象，加强人民对政府的监督"。完成这两大任务、推进两大改革的最终目的，"是满足人们日益增长的物质和文化需求，这就需要解决民生问题。""解决民生问题还要让人民生活得快乐和幸福。这就要保障人民的民主权利，在社会推进公平与正义"。温家宝第一次代表政府，对民主、自由、平等、博爱等人类社会文明价值范畴，表现出全面、清楚的肯定："民主、法治、自由、人权、平等、博爱，这不是资本主义所特有的，这是整个世界在漫长的历史过程中共同形成的文明成果，也是人类共同追求的价值观"。同时，对社会主义民主做了完整而又全新的解释："社会主义民主归根结底是让人民当家作主，这就需要保证人民的民主选举、民主决策、民主管理和民主监督的权利；就是要创造一种条件，让人民监督和批评政府；就是要在平等、公正和自由的环境下，让每一个人都得到全面的发展；就是要充分发挥人的创造精神和独立思维的能力。"（温家宝，2007）而在2008年，传媒在对南方抗击雪灾、汶川大地震、贵州瓮安事件、北京奥运会等一系列大悲、大喜、大忧的事件报道过程中，彰显新闻价值规律，坚定承担社会责任，释放影响社会的激情，获得了极大的话语权与极高的公信力。与此同时，《政府信息公开条例》于2008年5月1日正式实施，不仅从行政法规层面保障公民的知情权，也使包括报纸在内的传媒与政府的关系得到了初步的定位——政府与传媒不再是简单的控制与被控制关系，而开始逐步走向社会不同子系统之间的共生、合作与工作关系。

（三）传媒社会角色的转型

如果说在传统的政府单向控制传媒的时代，中国的传媒角色十分单一，仅仅是组织传播的媒介、是党的喉舌的话，那么今天，中国的传媒角色已经发生了根本性变化，正在进行大众传媒的民本化转型，正在促使传媒成为社会各阶层的信息传播工具、代言工具和社会公器的方向转型。尽管作为组织传媒的党媒、党报、党台、党网这些"党的喉舌""政府的喉舌"依然存在，但更多的市场化传媒、公共传媒，它们已经成为引领社会发展的关键力量。社会公器所承担的社会信息传播者、社会问题的预警者、政府行为的监督者、公民利益的表达者等角色功能，大陆的传媒都正在努力地履行着。从20世纪90年代、21世纪初期，传媒向社会公器的转型与发展主导了传媒内容生产和新闻报道的基本演进方向。这集中表现在：第一，尽管现在的传媒依然接受执政党（政府）的新闻宣传思想指导，但同时也强调"以受众为本位"的新闻报道理念。第二，新闻传媒的总体结构由党媒、市场化媒介、公共媒介等不同类型的媒介构成，媒介已经成为一种重要的公共力量，一种能够影响社会的"软权力"。第三，新闻传播的运作注重社会公众知情权的实现。尤其是近几年来新闻传媒对诸如广州孙志刚事件、沈阳黑社会头目刘涌事件、重庆"最牛钉子户"事件、江苏太湖的"蓝藻"

事件、山西"黑砖窑"事件、陕西的"虎照"事件以及四川汶川大地震、北京奥运会、重庆高考加分作弊、湖北巴东邓玉娇案等新闻事件所做的透明化报道，就是新闻专业主义开始张扬的结果，同时也显示了中国新闻传媒宏观政策的价值重心正在逐步地向满足民众的信息知情权、最大限度地保障民众在社会生活的意见表达权的方向转移。第四，新闻报道"平民化"倾向彰显，传媒的"亲民"形象日趋浓烈。不只是一些晚报、都市报等报纸已经成为社会不同阶层的代言工具，即使是昔日的居高临下的党报，也在"三贴近"的报道理念指导下，日趋"亲民"。第五，网络互动、公民新闻的崛起。以网络的论坛、博客、播客、相册、圈子等为媒介的公民个人新闻传播，正日益影响着新闻传播活动和社会舆论的生成与发展。有学者认为："公民新闻崛起，是2009年中国媒体业的一道亮丽风景线，无论是杭州飙车案，还是央视大火，还是邓玉娇事件，都显示了公民新闻的逼人气势。"（笑蜀，2010）

传媒社会公器角色的未来发展可能体现为新闻报道"以人为本，关注民生"的指向的扩张。这至少涉及三个方面的"关注民生"。首先是站在"民"的角度开展理性报道。我国已经进入社会问题尤其是"突发性群体事件"的高发期。1993～2003年中国社会的群体性事件从每年1万起增加到6万起。2005年达到7万起，2007年增长到8万起，2008年达到10万起，2009年则更多。针对突发性群体事件，需要深度解析社会结构与官民关系，透析事实本身，对问题的来龙去脉、前因后果、趋势方向进行客观报道，而不能站在一些有问题的地方领导的角度，去掩盖问题、打击公民。其次要代表社会各阶层公民，对社会公权力的行使进行有效监督，揭示公民"被民主""被幸福""被就业""被代表""被和谐"的事实真相。公权力是一个社会的核心资源，也是产生腐败的核心地带。"在经历三十多年的改革之后，市场经济的基本框架已经开始形成，但这个市场的自主性程度还是相当低的，而社会的发育则是更为滞后。在这种情况下，我们实际上面临着两种威胁，一是权力独大以及造成的滥用和失控，二是过分强大的权力与自主性程度较低的市场的畸形结合。如果这两种因素结合在一起，将导致社会的溃败。"（孙立平，2009）作为社会生活探照灯与监视器的报纸，理应突破信息屏蔽，把一些社会深层问题纳入受众关注的视野与可解决的范围，促进社会问题的解决与社会和解、协商，引导社会良性发展，防止社会溃败。

（四）网络传媒的崛起

如果说北京计算机应用技术研究所于1987年9月14日发出的第一封电子邮件"Across the Great Wall, we can reach every corner in the world"（越过长城，我们能达到世界的每一个角落）是中国大陆人对互联网的第一次触碰的话，那么，1994年4月20日，则是中国大陆正式接通国际互联网络的具有里程碑意义的时刻。此后，网络互动传媒在大陆得到了长足发展，已经成长为影响社会发展的关键力量之一。统计表明，截至2009年12月31日，中国大陆网民规模达到3.84亿人，网站数（即域名注册者在中国境内的网站数，包括在境内接入和境外接入）达到323万个，网络新闻使用者达到30769万人、使用上升率为80.1%，博客应用在网民中达到2.21亿人、使用率高达57.7%，社交网站使用者达到1.76亿，在网民中的渗透率达到45.8%（CNNIC，2010）。新闻网站、博客、微博、播客、社交网站等互动媒体的发展，正改变着大陆传媒的生存环境和发展态势。这种改变至少有三个趋势值得注意：一是网络社区、博客、微博、圈子等通过内容黏着、互动应用和人际关系在网络上的维护与拓展，构建着网络公共交往空间。社会生活中发生的主要问题和事件，都能够成为网络传媒的传播议程；各种职业、层次的人都可以在网络里面，相对自由、平等、理性地参与讨论，形成对国家、政治等公共事务进行理性批判的公共意见，并且影响着社会生活的发展，改变着社会现实。如"孙志刚事件"中对迁徙自由权利认可的呼吁、"SARS"危机中对公众知情权的呼吁、"佘祥林案"中对公正审判权的呼吁、"踩猫事件"中对动物生命权利的呼吁、"史上最牛钉子户"事件中对私有财产保护的呼吁、"山西黑砖窑事件"中对人身自由等权利的呼吁、"华南虎照"中对政府诚信的呼吁、"欺实马事件"中对社会公正的呼吁、"湖北石首事件"中对地方政府慎用警力的呼吁、"邓玉娇案件"中对于人权保障的呼吁等，都是公众通过网络互动媒体，对这些事关公共利益的事件发出自己的声音，进而汇集成强大的社会舆论，并对问题最终的治理和解决起到了积极的推动作用。二是网络互动传媒突破了传统的传播话语霸权。网络传媒的自由性、互动性，尤其是"一对一""多对多""多对一"的传播形式，打破了传统媒体的话语权集中和垄断现象，在一定意义上消解了传统媒体在社会生活中的影响力和话语霸权。特别是伴随着公民新闻的崛起和公民话语权利增强，从结构上瓦解了传统媒体的话语霸权。三是一部分传统媒体以网络媒体作为新闻信息的来源。伴随着公民新闻的崛起，网络新闻的真实性和公信力日益为人们所认可。"一个人所提供的资讯也许是不可靠的，一个人的意见或主张很可能是不靠谱的，但是，无数人的资讯、意见的提供所组成的总体却能够在结构上形成'无影灯'效应，便可以使真相毕露。"（喻国明，2010）尤其是Web 2.0 所具有的即时反应、互相纠偏、复合印证以及结构性的信息提纯能力，使网络互动传播成为客观报道、及时报道的范本。报纸、电视、广播等传统媒体，不仅仅在版面、栏目设计方面，吸收网络的长处，而且有时候从网络媒体寻找新闻及其线索，成为网络互动传媒的"跟屁虫"。从上述趋势可以看出，网络互动传媒已经成为在中国大陆突破传播禁区与信息屏蔽，实现新闻传播自由权和受众知情权，影响社会生活发展的主导性传媒。显然，传统的政府与传媒的单项控制关系，已经难以有效地规制网络互动传媒。中国政府必须调整与传媒的关系，以有效地应对网络传媒的巨大社会影响。

因此，尽管中国大陆的政治体制决定了传媒不可能是与政府对立的社会的"第四权力"，不可能是政府的"掘墓人"；但是，在有限政府、法治政府、开放透明政府、服务型政府的框架内，传媒也不可能是政府的简单的"传声筒"和"喉舌"了。虽然在今天的传媒管理体制下，从终极意义上讲，传媒国有决定了国家对传媒的话语的最终控制权，但是，政府与传媒之间新型的共生关系、工作关系和监督关系已经开始彰显。

三　中国政府与传媒双向互动关系的构成与内涵

今天中国政府与传媒之间的关系已经开始构建一种双向互动关系。所谓"双向"既是指传媒对于政府运作的监督、影响，又是指政府对于传媒的依法规制和宏观管理。即使是政府对于传媒规制，也绝不是传统意义上的政府对于传媒的简单控制，而是在社会运行机理框架下的依法规制。所谓"互动"，一方面是指传媒作为社会公器，履行自身的社会责任，代表社会和公民监督政府、影响政府；另一方面是指政府通过传媒披露法规、政策和相关的重大社会经济、政治、文化信息，引导社会的常态运行，甚至通过传媒进行政府形象的塑造与传播，进行政府形象、国家形象的构建与提升。根据政府与传媒双向互动关系的构成，我们把这一关系的具体内涵划分为三个方面：共生关系、监督关系、工作关系。

（一）政府与传媒之间的共生关系

所谓共生关系，指的是传媒与政府同时成为社会的有机构成子系统之一，它们之间并不是从属关系，而是彼此之间相对独立而又相互关联、相互作用、相互博弈。政府与传媒之间各自功能的有效发挥则可以促进社会的有效运转。

具体而言，共生关系突出的是政府与传媒在社会大系统中相对独立、半自主性的一面。如果说政府属于社会公共服务管理系统的话，传媒则是作为社会的横向沟通系统而发挥作用。根据布尔迪厄的场域理论，媒介场域处于社会的政治场域、经济场域、文化场域、公众生活场域之中，是连接其他社会场域的中介场域。一方面，传媒遵循自己独特的逻辑和规律运转，有自己复杂的传播理念和实践系统，按照自身的规律性和要求自行选择参与场域活动的行动者；另一方面，媒介场域并不具有完全的独立性，它又受到政治场域、经济场域、文化场域、公众生活场域的制约和影响，呈现出"半自主性"。作为社会结构的中介场域，传媒实际上是社会生活的联络纽带。一般认为，新闻媒介具有守望监督、协调沟通、传衍文化、提供娱乐等社会功能。守望监督功能（surveillance），包括挑战国家机器、监督行政立法和司法；沟通协调功能（correlation），作为民众的喉舌，伸张公民的权利，协调个人与社会利益的矛盾冲突；传衍文化的功能（education），作为人的社会化重要管道，补充学校教育的不足，引进外来文化促进文化沟通；提供娱乐和广告的功能（entertainment & advertisement），包括利用市场机制，反映阅听的大众需求，追求商业利益，充分展示商业逻辑（展江，2003）。守望监督功能是媒介场域对于政治场域的作用，沟通协调功能是媒介对于公众生活场域的作用，传衍文化功能是对于文化场域的作用，提供娱乐与发布广告功能则是对于公众生活场域和经济场域的作用。正因为相对独立、具有半自主性的传媒具有守望监督、协调沟通、传衍文化、提供娱乐的社会功能，才由此而延伸出政府与传媒的工作关系、监督关系。

如果破坏了这种共生关系，把传媒变成政府行政权力的延伸，变成政府或政党的纯粹宣传工具，就会导致传播危机乃至社会危机。中国大陆社会发展进程中的这种教训是十分深刻的。在1956年以后，1949年确立的以社会资源计划配置为基础的新体制的能量释放殆尽，"以国为本"的国家运行理念的弊端等逐步显现。而在计划经济体制扼杀社会活力，忽视国民的需要、权利与尊严等新体制的弊端逐步显露的时候，伴随着《人民日报》等报纸改版的失败，整个社会缺乏能够正常发挥大众传媒功能的，作为社会生活监视器、社会民主的发动机、社会舆论的引导者、社会心理的排气阀的社会公共机关的传媒，导致社会整体缺乏活力，最终又使之陷入崩溃的边缘和总体性危机之中。

从共生关系的角度看，政府工作信息发布的透明度决定着传媒的公信力；传媒的客观、真实、及时的信息传播，则有益于政府公信力的提升和正面形象塑造。正是共生关系为政府与传媒之间的工作关系、合作关系提供了基础。事实已经证明，通过新闻发布和新闻发言人制度而实施的政府信息传播，可以变政策为新闻，变宣传为新闻，有利于政府实施新闻执政的传媒策略，也有利于传媒履行自身的社会公器职能，有利于传媒公信力的提升。正是在四川汶川大地震的处置过程中，信息公开制度和新闻发布制度爆发出了政府与传媒共生共荣的"体制性能量"，为政府和传媒赢得了信誉。

（二）政府与传媒之间的监督关系

所谓监督关系，指的是政府把传媒作为管理相对人之一，依法对传媒实施宏观监管；而传媒则代表公众，代表社会，对政府实施有效监督，把政府的行为及其结果置放在国民的视野内，对政府及其工作人员的不当职业行为进行批评监督。

监督关系，有两个层面的内涵。首先是指传媒通过对于政府公权力运行的批评监督。在民主与法治的框架内，传媒对政府及其工作人员的批评和监督，这是中国渐进式民主政治的社会监督系统的重要构成部分。公权力是一个社会的核心资源，也是产生腐败的核心地带。"在经历三十多年的改革之后，市场经济的基本框架已经开始形成，但这个市场的自主性程度还是相当低的，而社会的发育则是更为滞后。在这种情况下，我们实际上面临着两种威胁，一是权力独大以及造成的滥用和失控，二是过分强大的权力与自主性程度较低的市场的畸形结合。如果这两种因素结合在一起，将导致社会的溃败。"（孙立平，2009）作为社会生活探照灯与监视器的报纸，理应突破信息屏蔽，把一些社会深层问题纳入受众关注的视野与可解决的范围，促进社会问题的解决与社会和解，引导社会良性发展，防止社会溃败。在当前社会公共危机事件的高发期，新闻传媒发挥社会生活的探照灯与监视器的功能，对社会生活进行批评监督尤为必要。2008 年连接不断发生的贵州瓮安"6·28"打砸烧事件、河北"三鹿"问题奶粉事件、山西襄汾"9·8"特大尾矿库溃坝事故等重大恶性公共危机事件等，如果有新闻传媒及其调查性报道的及时介入，就可以防患于未然而不至于演化成为具有灾难性后果的重大社会问题。

其次是政府依法对传媒进行监管。尽管中国的《新闻法》文本，尚未出台，但伴随着政府向法治政府、服务性政府的转型，以及政府信息公开制度的建立，政府对于传媒的监管也开始逐步走向法制化的轨道。宪法、刑法、著作权法以及出版管理条例、广播管理条例、音像管理条例、互联网传播权的管理条例行政法规，已经成为政府监管传媒的初步法律依据。另外，作为加入 WTO 之后的

"全球化效应"之一，中国的新闻传播法律制度，也已经开始与国际公约、惯例接轨。1966 年联合国大会通过的《人权公约》及其《经济、社会、文化权利公约》《公民权利和政治权利国际公约》《公民及政治权利国际盟约责任议定书》三个子公约都已经在"入世"准备期先后纳入中国的法律体系。中国已于 1997 年和 1998 年分别签署参加《经济、社会、文化权利公约》《公民权利和政治权利国际公约》，并于 2001 年正式由全国人大批准通过了这两个公约的生效。在《公民权利和政治权利国际公约》第 19 条中，直接规定了各缔约国政府保护新闻自由的义务："一、人人有权持有主张，不受干涉。二、人人有自由发表意见的权利，此项权利包括寻求、接受和传递各种消息和思想的自由，而不论国界，也不论口头的、书写的、印刷的、采取艺术形式的或通过他所选择的任何其他媒介。"这些国际公约的内容已经成为中国法律体系的一部分。换言之，保护新闻传播自由已经不是中国政策可以选择或者扬弃的，而是中国的法律体系规定的国家对公民或传媒应该承担的基本义务。加入 WTO 的"全球化效应"已经或正在改变着中国传媒的运行理念、运行环境和运行规则。

（三）政府与传媒之间的工作关系

所谓工作关系，指的是传媒作为政府与公众沟通的途径之一，成为政府塑造其公众形象的公共关系工具之一；而政府信息又是传媒的主要新闻来源之一。这一工作关系，规定着传媒与政府的关系将是职业传播机构与新闻事件当事人的关系，而不是谁控制谁的关系。

从工作关系来看，政府与媒体间应是一种合作关系，通过合作，一方面媒体可以按照自身规律对政府工作进行新闻报道和信息传播，使公众了解政府工作的进程、程序和目的，从而极大地促进政府的应变效率和政策执行的准确性；另一方面，也可协助政府更全面、更快速地了解政情民意，出谋划策，稳定社会。事实上，政府部门与媒体的地位是平等的，合作也是互利双赢的。政府日益成为传媒的新闻信息的主要来源，传媒逐步成为对新闻信息进行客观真实报道的社会信息传播系统。尤其是在汶川大地震和北京奥运会之后，政府的新闻管理体制逐步走向开放，国内的新闻源面向国内外媒体全面开放，使政府与传媒之间的工作关系凸现出来。对于政府与媒体来说，信息流通要相互依赖，加强社会管理、促成社会进步要相互制衡，涉及国家利益要相互协调。此外，作为信息源，政府应当善于设置媒体议题，熟知媒体运作特点，恰当选择信息发布对象。针对传统的单向非互动传播模式的弱点新闻发布制度正是使这种工作关系纳入规范化轨道的制度保障。2003 年年初开始，中国着手建立健全对外新闻发布机制，并且要求政府新闻发布经常化、规范化、制度化。截至 2008 年 6 月，国务院所有部委都实施了新闻发布和发言人制度，产生了 90 多位新闻发言人；全国除港、澳、台外的 31 个省市自治区也都建立了新闻发布制度，设立了 50 多位新闻发言人；部分重要城市及大型企事业单位，也相继设立了相应的新闻发布制度。这一制度的普及，表明在中国大陆已经初步建构了政府与传媒之间的工作沟通机制。

四　结语

本文通过对中国政府与传媒关系演变影响因素、过程的分析，提出在中国大陆社会与传媒的转型发展过程中，伴随着政府角色与职能的变迁和传媒的变化，政府与传媒的关系正在发生转型，即从传统体制之下的政府对传媒的单向控制转变为包括共生关系、工作关系、监督关系在内的政府与传媒的双向互动关系，同时还强调这一新型的双向互动关系正处于构建过程之中。虽然这一双向互动关系的"制度化"和"法律化"的程度未必尽如人意，但中国大陆传媒与政府的关系已经开始发生根本性的变化。如果看不见这一变化，则可能导致对于中国大陆传媒现实与发展走向的简单化处理和隔靴搔痒的标签式分析。

参考文献

孙立平：《现代化与社会转型》，北京大学出版社，2005。

孙立平：《从政治整合到社会重建》，《瞭望》新闻周刊 2009 年 9 月 7 日。

中国社会科学院新闻与传播研究所：《中国新闻年鉴》，中国新闻年鉴出版社，2005。

米尔顿·弗里德曼的观点转引自柯武刚、史漫飞《制度经济学》，商务印书馆，2002。

温家宝：《政府工作报告》，搜狐新闻网，http：//news. sohu. com，2007 年 3 月 16 日。

温家宝：《3 月 16 日答中外记者问（实录）》，搜狐新闻网，http：//news. sohu. com，2007 年 3 月 16 日。

喻国明：《传媒变革力》，南方日报出版社，2010。

中国互联网络信息中心（CNNIC）：《第 25 次中国互联网络发展状况调查统计报告》，http：//research. cnnic. cn/。

俞可平：《中国治理变迁 30 年（1949～2008）》，《吉林大学社会科学学报》2008 年第 3 期。

江泽民：《关于党的新闻工作的几个问题》，《十三大以来重要文献选编》中，人民出版社，1991。

邓小平：《目前的形势和任务》，《邓小平文选》第二卷，人民出版社，1994。

林枫：《新闻改革理论探索》，当代中国出版社，1997。

笑蜀：《2009：谁引领新闻话语权》，《南方周末》2009 年 12 月 14 日。

陈怀林、陈韬文：《鸟笼里的中国新闻自由》，《中国传媒新论》，太平洋世纪出版社，1996。

陈怀林、黄煜：《中国大陆报业商业非均衡发展之研究》，《大众传播与市场经济》，卢峰学会，1997。

展江：《舆论监督紫皮书》，南方日报出版社，2003。

黄升民、周艳、洪建平编《中国报刊媒体产业经营趋势》，中国传媒大学出版社，2005。

中国社会科学院新闻研究所：《中国共产党新闻工作文件汇编》上册，新华出版社，1980。

重组中重生：报媒的转型生存逻辑[*]

一

如果说，中国报业数字化转型大体上是沿着"新兴""趋近"
"共存""支配"的逻辑路径往前推进的话，到了 2013 年的下半年
和 2014 年上半年，这一激进式变革的"趋近"阶段已经结束，开
始进入"共存"的新阶段。在此前的"趋近"阶段，报业激进性
演变过程中的"威胁"实际上已经成长为一种新的经营模式，而
且新模式下的经营活动得到了更为高效率的组织。数字传媒产业的
"新模式抢夺了原来传统公司的大量利润，利润开始流向新模式所
支配的业务"。所谓"共存"，则是说，随着新老产业模式之间竞
争与博弈的升级，紧张状态加剧，原有产业日益脆弱。这是产业转
型过程中老产业模式凤凰涅槃、新产业模式强势胜出最为关键的时
段。新产业创造价值的方式成为传媒市场的主导方式，传统纸报生
产纷纷退出市场，或者转而完全经营新模式则可能是这一阶段的重
要表征。

从"趋近"转向"共存"的节点上，有五个标志。

一是报业传媒公司的经营业绩普遍下滑。2012 年以来，报业
传媒公司经营业绩下滑渐成趋势。根据郭全中对博瑞传播、粤传

---

* 发表于《中国报业》2014 年 4 月（上），中国人民大学报刊复印资料《新闻与传播》专
  题 2014 年第 7 期全文复印。论文合作者为美国密苏里大学原新闻学院高级社会研究中心
  主任、美国唐纳德・W. 雷诺兹新闻研究院科研副主任孙志刚博士，华中农业大学文法学
  院广告与传播学系副教授兰霞。

媒、浙报传媒、新华传媒、华闻传媒和北青传媒（香港上市）等六家目前在国内上市的报业传媒集团2012年财务报表的分析，其经营业绩全面下滑。其中，北青传媒、新华传媒、粤传媒、博瑞传播都出现了超过25％的跌幅，这在前几年是没有的。这种经营绩效的逆转释放出一个清晰的信号——在新媒体冲击下传统报业已经进入衰退期，经营风险加大。而另一部分非上市报业公司的日子更是难过，有些报业公司的账面盈利主要是依靠房地产等关联产业的利润来粉饰。2013年，报纸广告经营业绩衰退在进一步加剧。中国广告协会报刊分会、央视市场研究媒介智讯最近发布的《2013年度中国报纸广告市场分析报告》显示，2013年报纸广告刊登额下降8.1％，降幅超过了2012年的7.5％。包括报纸、杂志等在内的传统媒体对"80后""90后"等核心消费群体的注意力资源整合能力的减弱，导致部分广告主已经开始放弃被视为"无价值的交易平台"的传统媒体。因此，一些以传统报纸或期刊广告作为主要收入来源的传媒公司的经营业绩不断下滑，报纸广告收入的持续衰退的趋势将难以逆转。

二是报业核心人才持续流失。2013年8月7日，《21世纪经济报道》的总编辑刘洲伟在其微博上宣布，辞去21世纪传媒执行总裁及其他相关职务，并在新媒体方向再次创业，再一次让报业核心人才的"走转改"成为焦点。事实上，2010年以来，至少从原《南方都市报》总编辑曹轲转任南方网总编辑、《南方周末》总编辑向熹离职、原《楚天都市报》副总编辑谢湖伟参与创办腾讯大楚网并担任总编辑继而转任汉网总编辑开始，报业核心人才向新媒体经营模式的"走转改"，可以列出一个长长的名单。报业的核心人才流失趋势日益加剧，他们大多转战互联网或移动互联网公司。与此同时，一些较高水平大学的新闻传播类专业毕业生大多不再以传统平面媒体为就业和发展的主要选项。这显示出，未来新闻传播行业的中坚力量对平面媒体的发展前景似乎并不看好。能够提供更广阔的职业发展空间和更多的自由而又人性化的工作方式，用户至上、体验为王、颠覆式创新的互联网思维，无权威、无中心、无边界的产品生产与内容组织的形态，开放、平等、自由、互动、共享的新传媒文化，适时秒报、个性化的传播方式等，这些新媒介平台所具有的传统媒介机构无可比拟的文化魅力，正不断吸引、吸纳着现实的和未来的传媒核心力量奔向网络。

三是新的生产模式爆发性增长，已经开始进入整合扩张阶段。2014年1月发布的《第33次中国互联网统计分析报告》的数据表明，截至2013年12月底，中国网民规模达6.18亿，互联网普及率为45.8%，手机网民规模达5亿，农村网民规模达1.77亿；中国网站总数增长为320万个，中国网页数量为1500亿个，相比2012年同期增长了22.2%；中国网民的人均每周上网时长达25.0小时，相比上年增加了4.5个小时。互联网络的发展主题已经从"普及率提升"转换到"使用程度加深"。网络新闻的网民规模达到4.91亿，即时通信网民规模达5.32亿，博客和个人空间网民数量为4.37亿，网络视频网民为4.28亿，微博网民规模为2.80亿，社交网站网民规模为2.78亿。不仅如此，尤其是基于移动互联网业务拓展与博弈，互联网企业的生产模式释放出巨大的盈利能力。移动互联网的第一浪潮已经结束，TAB（腾讯、阿里巴巴、百度）移动互联网新格局已经形成，固网和移动互联网大规模市场拓展已经完成。一方面，腾讯、百度等单体互联网企业2013年的在线营收（广告营收）已经超过了保持王冠达23年之久的广告之王"央视"。据2013年的财报显示，腾讯总收入604.37亿元，同比增长38%；净利润155.02亿元，同比增长22%。百度在线营收为319.44亿元（约合52.77亿美元），同比增长43.2%，净利润为105.19亿元（约合17.38亿美元）。另一方面，互联网企业在传统媒体领域的整合持续加力。截至 2013 年年底，腾讯已在重庆、广州、上海、武汉、杭州、成都、郑州、长沙、沈阳、成都、西安、福州、南京、昆明等城市，与部分省市报业集团联合打造"腾讯·大△网"十余家。大渝网、大粤网、大申网、大楚网、大浙网、大渝网、大辽网、大成网、大秦网、大豫网、大湘王、大闽网、大苏网、大滇网等腾讯系"城市生活门户网站"，均为当地流量最大、影响力最大、效益最好的区域商网。这些网络媒体，都是由腾讯控股对当地传统媒体资源进行延伸和整合。腾讯公司的扩张步伐，还在不断加力。它不仅与垂直领域的领先公司如大众点评、京东和搜狗分别在本地生活服务、电子商务和搜索方面合作打造新型传媒生态系统，而且强化了与部分市场影响力较大的媒体如《成都商报》、《每日经济新闻》、财新传媒的战略合作。

四是部分报媒集团已经主动从"新媒体的票友"转型成为"新媒体的专业操盘手"。2012 年以来，伴随着对于媒介融合趋势的洞察和全媒介探索深度推进，报业精英们开始充分认识到，报业的数字化转型，并不是简单地报网互动或者将报纸的优势嫁接到网络的渐进式演进，而是必须从内容生产、终端呈现到平台运营、资本运作等各个方面全面融入互联网的激进式变革。他们开发的大量的基于移动互联网络平台的"APP 应用"等数字化产品已经站在了新媒体发展的最前沿。例如，浙报集团正在实施其"全媒体、全国性"战略，导入互联网基因，采取"内部转型、外部扩张、孵化未来"的策略，探索全面互联网化的转型。他们摒弃传统的"媒体本位，内容为王"的报媒思维，建立"用户中心，开放分享"的互联网思维，构建资本平台——媒体经营性资产整体上市，构建技术平台——打造传媒梦工厂，构建自主性互联网资助用户平台——并购边锋浩方网络、整合大浙网和浙江在线，打造以综合文化服务为特色的互联网枢纽型传媒集团。上海报业集团在 2013 年

10月29日成立挂牌的当日，就与百度公司正式签署协议，宣布已就战略合作和共同运营百度新闻"上海频道"达成一致。2014年2月24日，则与中国移动手机阅读基地签署战略合作协议，双方将整合优势品牌、内容和渠道资源，联合打造"上海手机报"媒体品牌，力争将该品牌打造成为集短彩信、WAP、客户端为一体，融合图文、视频、游戏互动的全方位移动互联网媒体产品集群。上海报业集团正在推出的三大新媒体项目中，东早《澎湃 The Paper》是从一张传统报纸出发，做一个原创的、互动的、严肃的、有思想和价值观的、针对都市中高端人群的政经类新闻产品；《上海观察》是一款只在互联网上发行，以用户收费为盈利模式的资讯类深度阅读产品；《界面》是一个为个人及机构投资者提供具备影响资本市场能力的内容互联网金融信息服务平台，产品包括新闻网站、移动客户端、微博和微信产品、定制信息产品以及信息推送产品。此外，还有一批报媒开发出了自己的移动终端。例如，南方报业传媒集团的《掌上南方》无线版、南京报业集团的《南京云报纸》APP、中国日报社的《21世纪英文报》APP、人民邮报的《人民邮报》微信平台、安阳日报报业集团的《云读天下》云报纸技术应用平台、襄阳日报传媒集团的《襄阳日报》综合资讯服务APP、人民日报社的《环球时报》多版本移动APP、《三秦都市报》云报纸、湖北日报传媒集团的《湖北手机报》、扬州报业传媒集团的《云扬州》智能APP、甘肃日报传媒集团的《掌上兰州》APP等。

五是部分媒介集团开始了纸质内容生产的规模缩减。国家新闻出版电影电视总局从宏观调整的层面，早在2009年就开始实行报刊退出市场的试点。当年，全国有188种报刊以调整、兼并、重组、停办等方式退出市场。但是，在审批制的制度环境中，报纸刊号是绝对市场稀缺资源。因此，部分媒介集团对于效益较差、经营不善甚至资不抵债的报刊，大多采用"内部整合"的方式，进行资源的重新配置。即使这样，纸质媒体的缩版、减人、调整机构，也已经成为应对报纸生存环境恶化的基本策略。仅仅在2013年，上海报业集团成立伊始停刊了《新闻晚报》，国际商报社将《国际商报》的出版周期从日报变成周报，《广州日报》、南方报业、《羊城晚报》、《浙江日报》、《中国经营》等有影响的报纸或报业集团纷纷采取了缩版、薄报、减人等对策。

本来，按照中国报业自身的渐进发展逻辑，报纸似乎还可以再"辉煌"一段时间。著名报人崔恩卿至今仍然认为，以都市报为代表的大众传媒经历了报业转型期和新闻冲击波之后，近十年来转入徘徊状态，新闻平淡，市场低迷，广告份额下滑。特别在新兴媒体问世以后，报纸以及报业几乎成了"夕阳"；但是，报业并非已成"夕阳产业"，中国报纸还处于发展期。甚至，我们仅仅看不久前一些报业的宏观统计数据，似乎也可以相对乐观。例如，在2012年，部分报纸的发行量依旧保持着巨大的规模，例如，《参考消息》340万份，《人民日报》280万份，《扬子晚报》180万份，《广州日报》160万份，《南方都市报》152万份，《羊城晚报》140万份，《楚天都市报》130万份，《南方周末》128万份，《信息时报》120万份，《齐鲁晚报》120万份。但是，经营业绩的普遍下滑，核心人才的持续流失，新生产模式的扩张性整合已经表征出中国报业渐进式发展逻辑的戛然而止，基于互联网络的新生产模式正在蓬勃生长。迄今为止，报纸全行业陷入了衰退螺旋，却是不争的事实。加之，过于严酷的多头多层规制系统也让报纸自身内容生产的优势难以充分释放，一些在传媒市场化进程中勃兴的都市类报纸似乎正在陆续丧失生机。付费墙本来是支撑报纸在数字时代复兴的策略性机会之一，但构建付费墙所需的破解专业与宣传、通稿与个性、市场与超市场、内容与产品、读者与用户、免费与收费六个

"纠结"的条件迟迟难以具备。因此，"共存"阶段不期而至，似乎是提前到来了。这不是个别"技术激进主义者"有意唱衰纸媒，更不是心怀叵测的研究者要来惊扰传统媒体"小阳春"的美梦。正是这种报媒原本"辉煌"日子的提前消失，恰恰从另一方面说明了数字媒体的威力和媒介发展规律的不可阻挡性。

二

2014 年可能是"共存"元年。所谓"共存"并不是新旧产业模式的长期"和平共处，相互促进"的发展阶段，而是新旧产业模式激烈竞争与博弈的特殊阶段。正是在博弈的过程中，旧产业模式日渐脆弱，新产业模式逐步取得支配地位。报业数字化演进的"共存"阶段新旧模式的激烈竞争与博弈，曾经典型地体现在美国报业发展的 2008～2012 年。这个时候，伴随着谷歌、Facebook 等超级媒体平台的迅速发展，美国已有 200 多家报纸资不抵债，难以维系。也有一些报纸如《西雅图邮报》《基督教科学箴言报》等于 2009 年直接关闭印刷版的生产，转而经营网站。特别是当"6 年战胜了 100 年"的《赫芬顿邮报》这一由网络写手缔造的新媒体帝国能够荣获 2012 年美国普利策新闻奖之国内报道奖的时候，我们不能不注意到，"一个新的、多样化的新闻业已经出现在地平线上，报纸正处于一个长期性的结构变化的初始阶段。"① 其后，《纽约时报》的付费墙、《赫芬顿邮报》的全球扩张等都表征着新产业模式取得了支配地位。一旦新的产业模式完全取得支配地位，"共存"阶段即告结束，意味着进入了媒介激进式变革的"支配"阶段。而在传媒产业模式的博弈过程中，新产业模式爆发的蓬勃生命

---

① 湖泳：《报纸已死，报纸万岁》，《新闻记者》2011 年第 11 期。

力，导致旧的产业模式日渐式微，新产业创造价值的方式则逐渐成为传媒市场的主导方式，传统纸报生产纷纷退出市场，或者转向完全经营新模式。这是"共存"阶段的重要表征。

仅仅从报纸的视角而言，"共存"阶段还是属于报纸数字化转型的窗口期之一，但不是最佳窗口期，只是"非最佳窗口期"。这个时候，新产业模式已经完成了创新点的量的积累，形成了对于传统产业模式的颠覆性威胁，导致媒介市场整体旋即进入以创新聚集、整合资源的媒介重组阶段。从时间进程上看，2005～2013年的"趋近"阶段属于中国报纸数字化转的最佳窗口期。那个阶段，新产业的威胁已经开始显现，但尚处于成长阶段。传统报业尚有一定的成长优势，可以铸造"自生能力"。但是，到了今天的"共存"阶段，旧产业模式的颓势和新产业模式的颠覆性趋势已经彰显，报业的数字化转型也只能是顺应大势，只能依附于新产业模式寻求再生或者重生的机遇。可以预见的是，在未来5年左右的时间，传统媒体尤其是平面媒体的主营收入模式可能会坍塌，从而进入传媒激进式变革的另一阶段。一旦结束"共存"阶段而进入到"支配"阶段，"非最佳窗口期"也即将全面关闭。

新产业模式的颠覆性威胁，带来的是传媒全面重组。所谓传媒重组强调的是基于三网融合与传媒人性化发展、功能优化的调整和改变，是对传媒产品、传媒平台、媒体与受众之关系、传媒产业模式的重新组合与全面变革。中国传媒重组进程在今天已经到了这样一个节点，驱动重组的政治、技术、用户、资本四方面力量正在形成合力，不断改变着传媒市场格局，推动着传媒新产业模式的突飞猛进地发展。

其一，政策资源向互联网络的发展全面倾斜。新一届政府已经将互联网络的发展提升到了国家战略的层面。2014年2月27日，中央网络安全和信息化领导小组成立，习近平担任组长。该领导小组将着眼国家安全和长远发展，统筹协调涉及经济、政治、文化、社会及军事等各个领域的网络安全和信息化重大问题，研究制定网络安全和信息化发展战略、宏观规划和重大政策，推动国家网络安全和信息化法治建设，不断增强安全保障能力。不仅如此，互联网及其基础产业被纳入国家重点扶持的战略新兴产业领域，对互联网络的治理事实上已经被纳入国家治理现代化和社会管理创新的重要板块。2012 年 7 月 9 日，国务院发布《关于印发"十二五"国家战略性新兴产业发展规划的通知》及其《"十二五"国家战略性新兴产业发展规划》，将包括互联网络在内的"新一代信息技术产业"列入国家战略性新兴产业发展规划，并将物联网和云计算工程、信息惠民工程列入国家战略性重点工程；2013 年 8 月 8 日，国务院发布《关于促进信息消费扩大内需的若干意见》提出，要加快信息基础设施演进升级、增强信息产品供给能力、培育信息消费需求、提升公共服务信息化水平、加强信息消费环境建设。2014 年 1 月 9 日，国家发展改革委、中央编办、工业和信息化部、财政部、教育部、公安部、民政部、人力资源社会保障部、国家卫生计生委、审计署、食品药品监管总局、国家标准委十二部委发布《关于加快实施信息惠民工程有关工作的通知》强调，开展信息惠民国家示范省市创建工作，实施社会保障、健康医疗、优质教育、养老服务、就业服务、食品药品安全、公共安全、社区服务、家庭服务九项"信息惠民行动计划"和信息惠民综合试点行动计划，以改变以往技术导向、项目驱动的信息化建设模式，有效整合孤立、分散的公共服务资源，强化多部门联合监管和协同服务，鼓励市场参与，创新服务模式，拓宽服务渠道，构建方便快捷、公平普惠、优质高效的公共服务信息体系，全面提升各级政府公共服务水平和社会管理能力。这些产业政策资源的高强度、高密度供给，无疑将为信息产业和互联网络的发展提供巨大空间。

其二，信息与通信技术的拓展与释放。2013年12月4日，工信部向中国移动通信集团公司、中国电信集团公司和中国联合网络通信集团有限公司颁发"LTE/第四代数字蜂窝移动通信业务（TD－LTE）"经营许可。这标志着第四代移动通信技术（4G）开始改变中国通信与传媒格局。4G集3G与WLAN于一体，并能够传输高质量视频图像，它的图像传输质量与高清晰度电视不相上下。系统能够以10MB的速度下载，比目前的拨号上网快200倍，上传的速度也能达到5Mbps，并能够满足几乎所有用户对于无线服务的要求。传媒新技术的市场应用，将极大地提升互联网企业的市场竞争能力，拓展并延伸其经营模式。例如，仅仅在2014年，无论是三大电信营运商，还是互联网公司，都提出了新的市场战略。中国移动、联通、电信等在包括4G终端、网络、数据、资费、视频五大方面重新调整了市场战略布局，互联网公司则纷纷抢占市场先机。目前来看，4G对互联网生态最大的影响来自于传输速度的提高和传输质量的提升，因此就具体的产品类型来说，视频和手机游戏（或植入其他社交媒体的视频应用和手游应用）将成为各大公司在2014年的主要角力点。新浪公司推出"新浪秒拍"，阿里巴巴推出"来往短片"，腾讯视频则将重点在移动战略、王牌内容、原创出品三大领域。另外，基于4G提供的良好网络条件将给智能可穿戴设备带来无与伦比的用户体验，可能引发谷歌眼镜、智能鞋、智能手表和手环等可穿戴产品的市场井喷。

其三，用户阅读方式的变化。随着互联网普及率的逐渐饱和，用户的"使用程度加深"、用户的阅读方式发生了巨大的变化。数字阅读已经镶嵌在用户生活的各个时段和各种场所。如果说，过去的包括网络文学、网上社区、网络新闻、博客、微博在内的网络阅读还主要借助于固网来实现的话，那么基于移动互联网的爆发式发展而兴起的移动便携式终端阅读则极大地改变了阅读方式。用户可以通过手机、平板电脑、电子阅读器等便携移动无线终端随时随地自主选择接触内容，实现不同程度地对话和互动。尤其是伴随"超文本"阅读的发展，文字阅读和影像阅读史无前例地完美融合，阅读和写作更加密切地融为一体，使整个阅读过程由封闭走向开放，由静态走向动态的读写互动，由被动接受进入用户主动创造内容的崭新时代。这样的变革，不仅重新定义了阅读，而且呈现出数字媒介巨大的吸引力。阅读方式的变化不只是表征着媒介用户对包括传统纸报、广播、电视等媒介的选择性扬弃，而且已经成为激发新媒介产业不断开发新产品的动力之一。

其四，资本的拉动。无论是在境外上市的数字传媒板块，还是在境内上市的创业板传媒板块，大都受到社会资本和投资者的青睐。在纽约股市纳斯达克上市的搜狐、新浪、网易、携程、掌上灵通、盛大、空中网、前程无忧、分众传媒、百度、新华财经媒体以及在上海证券交易所上市的与中国大陆网络媒介关联的东方明珠、新华传媒、广电网络、电广传媒、博瑞传播、中视传媒、歌华有线等股份，多数为投资者追逐的蓝筹股或绩优股。目前发展势头极健的腾讯、阿里巴巴更让资本趋之若鹜。阿里巴巴的创业初期，即吸引软银、高盛等5家投行共同携2500万美元入股。而在2007年港股上市第一天，阿里巴巴的开盘价即高达30港元，市值超过1500亿港币。腾讯在2004年港股主板上市第一天，旋即募集资金达15.55亿港币。截至2013年年底，腾讯公司的市值高达740亿美元，已经超过了Facebook的730亿美元市值总额。受到资本青睐的互联网公司凝聚了巨量资本，正不断刷新着传媒业的市场竞争和资源重组。百度收购91无线和PPS视频业务，阿里巴巴收购新浪微博股份、投资UC浏览器和穷游网，腾讯增持金山网络股份、注资搜狗，华谊兄弟收购银汉科技股权、凤凰传媒慕和网络股权等，都是2013年发生的资本推动传媒资源重组的重要案例。

因此，传媒重组正不断地改变着中国传媒发展的版图。可以预料的是，上述几方面力量的协同作用，将使中国传媒的"共存"阶段呈现诸多变局。其中，新产业模式日益强大，并开始主导传媒产业的重组，旧产业模式逐渐式微，则是两条清晰的主线。如果说传统纸媒属于旧产业模式代表的话，纸媒整体的衰落将回天乏力。不过，一部分报纸将获得重生。这里的"一部分"特指那些市场化、数字化、专业化、国际化程度较高的报纸。它们将脱胎换骨，在数字媒介产业版图中，重新获得生存与发展的制高点。这里可能包括三种情况：一是被一些发展势头良好的可能成为将来巨型媒介平台的网络媒体整合收购的纸媒；二是自身完成了数字化转型，包括成功构建了付费墙的报纸；三是数字化转型自生能力强大的报纸。

三

所谓报纸的重生强调的是铸造在数字媒介版图中持续发展的核心竞争优势。重生并不是一个简单的数字化过程，而是彻底的全面革新。单纯的数字化，并不是纸媒的救命稻草。脱离了市场化的数字化是没有意义的，人民网即可搜索试错的失败就是证明。根据中国媒介生态环境，报纸的重生，至少应经过基因重组、市场重定、组织重构、产品重生等多重变革。

基因重组强调的是纸媒基因与互联网基因的重新组合。报纸的基因是什么？一是新闻内容的分享；二是文化上的"庙堂"式。从新闻内容的分享上说，报纸媒介是一种通过时间链条揭示世界发展与联系的媒介，并以逐行逐页的方式展示了一个严肃而有序的世界，促成了人的理性思维的建构。新闻报道的深度分析、解释能力，就是这种理性思维的传播呈现。另外，则是文化上的"庙堂"

式。彭兰认为，传统的"专业媒体作为唯一的专业化大众传播主体，仿佛置身于庄严的'庙堂'之上，受到众人瞩目与膜拜。传统媒体也由于这种'庙堂'地位形成了自己的文化特质"。"庙堂式"基因，既具有居高临下的中心性、高门槛的封闭性，又具有突出权威性的"不容错"、用相对统一的社会价值体系整合社会各个阶层的统合性。互联网络的基因是什么？在彭兰看来，今天的新媒体的核心要素是：终端、内容、关系（人与人的关系的连接）与服务（包括电子商务、在线教育、在线医疗、在线金融等服务）。而在这其中，内容尤其是新闻内容也许是同质性最高、不可替代性最弱的一个要素，如果内容不能与其他要素打通、融合，而只是作为一个孤岛存在，那么它的影响力释放就会受到很大限制。换言之，新媒体是终端网络、内容网络、关系网络与服务网络四者的交织，传统媒体要在未来赢得自己的位置，需要在这四种网络的未来格局中去进行战略思考与布局。① 因而，新媒体不再是神圣的、受人顶礼膜拜的"庙堂"，而是一个能容纳各色人等的"江湖"。作为"江湖"的新媒体的文化特质，具有面向所有人的开放性与多元性，结构上去中心化的分权性，内容上的共享性、容错性和戏谑性。所谓基因重组需要将报纸的基因与互联网的基因移植、嫁接以形成新的传媒基因。如果说新闻内容分享的重组，可能是同源重组的话，那么"庙堂"文化与"江湖"文化的重组，则是异常重组，需要去庙堂而就江湖，以此为基础，形成基于互联网文化的新数字媒介文化。

市场重定强调的是改变对"读者满意"的追求为"用户体验"的拓展。所谓市场重定就是要重新定义数字报纸的市场。传统报纸的市场是读者，其产品着力于报纸与读者之间的"一与多"的传

---

① 彭兰：《再论新媒体基因》，《新闻与写作》2014 年第 2 期。

播，追求的最高境界则是"读者满意"和发行量的不断提升。在规模读者的基础上，形成报纸自身的盈利模式。"用户第一"是互联网思维中的基石，规模用户构成传媒新产业模式的市场基础。因此，重新定义市场的第一层内涵，则是变读者为用户。而在报纸数字化转型的过程中，从最初的报网互动，到今天的 APP 客户端的开发，甚至微博、微信的应用，如果仅仅是将报纸的内容平行移植或变形移植到新媒体平台上，而不做市场的重新定位，就不可能形成新的盈利模式。无论是美国的《赫芬顿邮报》的全球扩张、《纽约时报》付费墙的成功，还是中国的"从纸媒里趟出来"的杭州日报"19 楼"的发展、腾讯系网站的日新月异，以用户为中心，分析和理解用户的使用行为，了解和研究他们的心理活动，对用户体验的深度开发，都是其前提。重新定义市场的第二层内涵，则是市场的深度细分。细分用户市场，完成传媒的市场再定位。例如，"19 楼"的六大价值观念之首就是"用户第一，一切为了用户"。他们每个月都要组织和颁发全员参与的"用户体验精进奖"，用以表彰为用户提供了更优质服务的业务优异者。在"19 楼"产品技术负责人的墙上，贴着两句醒目的标语："凡是用户一定遇到的情形，就必须精心设计，否则就是偷工减料。凡是用户不可能遇到的情形，禁止设计，否则就是自欺欺人。"纽约时报公司则使用数字注册的方式，建立用户数据库，将单个客户的全部资料与订阅者数据库进行匹配，从而获得完整的读者资料。对客户的深度洞察，挖掘体验者的阅读需要，建立客户数据库，为目标市场提供对位的产品与服务，这是为客户提供高价值的、专业的、不可替代的和排他性的产品和服务，是吸引并黏着忠诚体验者的不二法宝。

组织重构即按照互联网媒介企业的要求重新构建数字产品生产组织。我国数字报业所进行的多通道出版系统、手机报、新闻网站的开发，还属于数字报业发展的"优先变革点"。报社组织向融合新闻生产组织结构的转型，不仅是数字报业发展的现实"短板"，更是保障这些"优先变革点"走向"全面变革"的前提和基础。三网融合的推进，加大了网络运营商在数字传媒产业链上下游强势扩张的力度，激活了发展内容生产组织和推进内容融合的巨大空间。以生产文本、图片、音频和视频内容见长的报社组织需要在数字传媒产业链上游的融合新闻生产组织领域完成组织重构。数字报纸的组织重构有三条边界：第一，以用户为中心，导入互联网组织基因，以有利于终端网络、内容网络、关系网络与服务网络四者的交织。第二，构建扁平化、大跨度横向一体化的新型传媒组织结构类型。报社组织结构将由内容中心、技术中心、运营中心三大平台构成。其中，内容中心负责整个企业的内容原创采集、加工聚合、分配应用；技术中心负责整个企业组织系统的硬件和软件技术维护和升级，维护三大中心的正常有效运作；运营中心是决定企业发展全局的核心部门，也是统领内容中心和技术中心的战略指挥部。第三，实现组织的柔性化管理和无边界探索。数字媒体产业引发的传媒组织结构的创新，将促进传媒向松散的有机结构和分权化的无边界组织转型。可以通过柔性化的管理来打通组织内部各层级之间的垂直边界、职能部门之间的水平边界以及供应商、渠道商、管理者和目标受众之间的外部边界，通过彼此的资源交换与共享进行渗透。基于这样的三条边界构建的新型媒介组织，将与传媒集团及其治理结构具有兼容性。而在新的结构模式主导数字媒体产业运行之后，将同时引发传媒集团整体组织结构的战略创新，促进传媒集团向有机结构、结构松散、工作专门化程度低、正规化程度低、分权化的无边界组织转型。

产品重生强调的是按照新的数字媒介的特质设计用户所需要的产品，站在数字传播的制高点上打造全新产品，追求具有独特价值产品的生产与聚合。产品作为传媒价值的承担者，虽然其内涵和构成要素发生了变化，但其地位没有变化。在今天的数字媒介生产过程中，媒介所提供的产品与提供方式同样重要，产品质量与服务质量同样重要，满足产品需求与满足服务要求同样重要，产品获知体验与服务全程体验同样重要。数字报纸的产品重生有三个方面的内涵：一是生产用户体验拓展所需要的完整的多层次的产品。传统报纸的内容重视新闻报道与观点的生产，并没有错，但不够。这没有能够为用户提供完整的、多层次的产品。菲利普·科特勒在《市场管理：分析、计划、执行与控制》中将产品概念界定为五层次结构，即包括核心利益（Core Benefit，指产品能够提供给消费者的基本效用或益处）、有形产品（Generic Product，指产品在市场上出现时的具体物质形态）、期望产品（Expected Product，用户在购买产品前对产品的特点、质量、使用便利程度等方面的期望值）、附加产品（Augmented Product，使产品与其竞争对手相区别的附加服务和利益）、潜在产品（Potential Product，产品可能产生的延伸或演变、增值服务）。事实上，数字媒介正是在多层次产品生产与体验拓展方面，形成自己的竞争优势。新闻报道与观点产品当然首先是为用户提供了核心利益，甚至一些专业的、质量高的核心产品，也能够高强度地黏着用户。例如，纽约时报设计部在 2012 年12 月 27 日制作的《雪崩》（Snow Fall），用视频、照片、图表等多媒体手段将内容展现变得非常自然，不仅能够黏着用户，还能够让用户获得独特的体验，让用户看后觉得新颖、有用和过瘾，心甘情愿地为质量支付相应的代价。不过，从数字媒介产品阅读体验的角度说，数字内容生产则应同时重视核心利益产品之外的其余四个"非功能层"产品，形成超过用户预期的独特体验。用户体验是用户在接触一个产品时的感知、情感与期望的总和。用户体验包括印象和感觉、忍受和质疑、期望和收益等不同方面。用户体验的拓展与产品完整性、层次性密切关联。从有形产品层次看，数字媒介新闻产品需要通过标题与内容的"再包装"，以用户的视角揭示产品的核心利益点，增强内容的吸引力、阅读的便捷性和愉悦性。从期望产品层次看，数字媒介新闻产品更多地注意到了终端页面内容如何更吸引用户，追求一种引人入胜、出乎意料的体验。从附加产品层次上看，基于链接、开放、分享、互动的内容传播是数字媒介产品的重要特质。数字媒介中强调的"无评论、不新闻"或者"无分享、不新闻"，凸显出用户的分享、评论、参与制作，已经成为数字媒介产品构成要素之一。从潜在产品层次看，数字媒体能满足用户的，不仅仅是产品需求与社交需求，还有产品与服务的关联。传媒已经深深地嵌入用户的生活圈层之中，相关的服务并不只是指围绕有形产品的服务，而是指扩展到与人们生活、工作相关的其他服务。个性化内容服务，也将是人们对于数字媒介产品提出的更高要求。尤其是今天的大数据理念与技术的导入，可以将用户现实、潜在需求与产品有形、无形功能精准地开发出来，必将极大地提升数字媒介产品的价值。因此，数字报业的产品重生需要考虑从核心的功能性利益到包括非功能性利益的有形产品、期望产品、附加产品、潜在产品等多个层面，来提升产品的价值。二是兼容用户内容生产。在数字媒介领域，信息消费也是信息生产，信息生产也是一种信息消费。促进用户的信息消费行动向信息生产活动延伸，或者促进其信息生产成果为更多用户共享，这是数字媒体信息生产特点之一。[①]《赫芬顿邮报》被誉为"美国互联网第一大报纸"，事实上它开创了一种生产者与消费者之间的"共享事业"，兼容用户内容生产（UGC）是它的产品生产的核心方面。其主页版面的博客新闻评论、每日新闻栏目以及广告、娱乐新闻三个栏目，让用户能迅速了解新闻的主要内容，并自主决定是否要深入阅读，从而形成了

---

① 彭兰：《再论新媒体基因》，《新闻与写作》2014 年第 2 期。

全天候"读者自主头版"的特征。中国的腾讯公司先做关系构建平台，然后再推出门户和关系产品，实际上也是为用户内容的生产和分享提供了独特的平台。三是产品的营销组合要素的重构。这里强调的是产品市场推广模式的重构，既要为目标用户提供高价值的、专业的、原创的、不可替代的、排他性的产品和服务，又要采用融合型渠道实现产品的呈现，以实现产品与用户的有效联结，需要形成产品的定价与其价值匹配的合适价格，需要设计符合目标用户需要与习惯的固网、移动网一体化的网络整合营销传播沟通方式，以满足用户在搜索引擎、数据库检索、社交网络，或者电子阅读器、手机、平板电脑等多种移动终端的接触。

2010～2012年美国数字报纸付费墙研究综述[*]

一　研究背景和方法

"付费墙"（Paywall），是指成熟市场经济体制国家的传统报纸对其在线内容实行有价阅读而建立的支付模式，是新闻提供商对在线内容实行付费阅读的"准入"系统。早在1996年，新闻集团旗下的美国的《华尔街日报》便尝试建立付费墙并取得成效，但绝大多数报纸的付费墙探索均以失败告终，成功者寥寥可数，并未成为报业主流。

近年来，由于受到全球金融危机的影响以及新兴媒体的冲击，世界范围内报纸的读者数量、发行量和营收持续萎缩。美国报业协会统计数据显示，美国报纸每日总发行量从1984年高峰期的6330万降至2008年的4860万，已经下降了近1/4，2009年进一步下跌10.6%至4560万。[①] 一时间，"报纸消亡论"成为学界业界热门话题，甚至有人拟出了报纸消亡时间表。在这样的背景下，2011年3月，《纽约时报》正式开始实施付费墙政策，成为首份实施数字订

---

* 发表于《国际新闻界》2013年第6期。第二作者为博士生、辽宁大学文学院教师迟强。

① Newspaper Association of America. (2013, March 18) Newspaper Circulation Volume. Retrieved from http：//www.naa.org/Trends - and - Numbers/Circulation/Newspaper - Circulation - Volume. aspx.

阅的大众类报纸，不久后其他报纸纷纷跟进。截至 2012 年 9 月，全美已有 295 家报纸设立了不同形式的付费墙。[①] 因而，2012 年也被称为美国报纸的"付费墙年"。英国、加拿大、澳大利亚、巴西、德国等国家的一批报纸也开始放弃网络内容免费的旧模式，纷纷在不同程度地探索付费墙策略。

本文旨在针对美国报业付费墙研究领域的文献进行分析评述。以 Paywall 为主题词，搜索时间范围为 2010 年 1 月至 2012 年 12 月，在 EBSCO 大众传媒学数据库（Communication & Mass Media Complete，CMMC）中搜索到文献共 18 篇，在 ProQuest 学术全文图书馆中搜索到学术文献 21 篇。同时，为防止国外相关研究对付费墙的表述不尽相同，再以"paid content""newspaper subscription""newspaper charge"为检索词搜索文献，以获得较全面的检索效果。经过去重和排除与综述主题不相关的文献后，本文共选取了 26 篇，以下主要从付费墙模式、付费内容/产品、受众/用户研究和广告业务研究四方面进行评述。

二　付费墙模式研究

（一）付费墙运作模式研究

付费墙模式研究主要包括运作模式和支付模式研究两大部分。Macnamara 结合加州大学伯克利分校新闻研究院、南加州大学安嫩伯格传播学院以及纽约大学新闻研究学院的研究项目对报纸媒体的商业运作模式进行了批判性的分析，并将实施付费墙、对在线新闻

---

① 新浪传媒：《美国设置付费墙报纸名单一览》，http：//news. sina. com. cn/m/2012 - 09 - 12/142625157267. shtml，2012 年 9 月 12 日。

内容收费排在潜在的报纸媒体商业模式列表的首位。他基于一系列的研究回顾和对付费媒体的内容调查，确定了两个不同的模式：一是构建完整的付费墙，即要求对所有内容支付费用；二是混合模式付费墙，也被称为多孔的、可渗透的付费墙（porous paywall）。同时，Macnamara 还提出了广告 2.0、政府投入公共资金、设置基金会等商业模式的构想，但由于受到经济环境、媒体组织和特殊利益集团等多方面因素制约，这些运作模式均难以有效运作。针对付费墙模式，Macnamara 强调，需要谨慎协调经济合理性和市场接受度，消费者的抵触情绪和互联网开放文化决定了实施收费的内容必须是高价值和优质的，而不是一个广泛适用的商业模式，不能成为报纸的主要收入来源。①

Mutter 指出，相比硬性付费墙，报业更倾向采取三个新兴的模式。一是以《纽约时报》为代表的计量式（Metered Sites），即在线读者可以在一定时间期限内免费阅读数篇或数页新闻，若想继续阅读则需支付费用。二是混合式（Hybrid Sites），即部分内容是免费的，部分需要付费阅读。比如《达拉斯晨报》网络版可供免费阅读的内容包括头条新闻、突发新闻、博客、讣告、分类广告和非专有的新闻，其他新闻内容则需付费阅读。三是剥离式（Dueling Sites），即分设收费和免费两个报纸网站，比如《波士顿环球报》。② Yang 认为，计量式付费墙和硬性付费墙模式相比，可以减少因流量问题而导致的数字广告的损失，并且也符合读者的心理预期，易于获得读者的认可。根据纽约时报公司报告，截至2012 年 10 月，《纽约时报》日平均数字发行量为 896352 份，比

---

① Macnamara, Jim (2010). "Remodelling media: the urgent search for new media business models", *Media International Australia* (8/1/07 - current), Nov. 2010, 137: 20 - 35.

② Mutter, Alan (2011). "The state of play for paid content", 2011. *Editor&Publisher*, 144 (2): 20 - 21.

2011 年同期增长 136%，周日版为 850816 份，同比增长 129%。①

Miller 重点研究了时报集团的子报《波士顿环球报》的付费墙模式。该报 2011 年开始分设免费和付费两个站点，分别为 Boston. com 和 BostonGlobe. com，免费网站不再提供报纸的所有新闻内容，页面上有三四个广告单元和多媒体广告动画。而付费网站空间整洁，新闻内容显著而全面，并限制页面只有一个插播式广告。② 可见，《波士顿环球报》希望通过改善读者阅读体验来实现收费模式的创新。

（二）付费墙支付模式研究

在付费墙支付模式的研究方面，相对于业界普遍采取的订阅模式而言，小额支付成为研究重点。Lambert 指出，20 世纪 90 年代开始尝试的付费墙模式以及《纽约时报》2005～2007 年构建付费墙的失败，与当时小额支付体制不成熟和网络读者小额支付意愿薄弱有很大关系。如今，随着愿意网络小额支付的读者的数量和规模迅速增长，构建付费墙的报纸也得以迅速扩张。③

佐治亚大学的 Hayes 和 Graybeal 在两篇文献中深入探讨了小额支付在社交媒体环境下的可能性。他们认为，任何媒体商业模式都有三个主要的营收驱动力：（1）在一个平台上的用户数；（2）消费者的忠诚度；（3）用户对于内容或特定的服务的支付意愿。他们比较分析了美国网络电视媒体 Hulu 于 2010 年 11 月推出的订阅模型以及苹果公司 iTunes 的音乐小额支付模式，指出订阅模式并

---

① Yang, Nu (2012). "Building the wall: will digital subscriptions save the industry". *Editor & Publisher*, 145 (12): 32 –37.
② Miller, Ron (2011). "Rethinking the paywall". *EContent*, 34 (10): 14.
③ Lambert, Scott (2011). "Paywalls becoming a trend among newspapers". *Gateway Journalism Review*, 41 (324): 8 –29.

不适合在线报纸，因为消费者获取信息渠道多元化，愿意订阅支付的数量较少。[①] Graybeal 和 Hayes 在合著的另一篇文献中，将小额支付定义为"基于 Web 的金融交易，消费者以通常不到 1 美元的价格在网上购买少量的内容或服务"。他们认为，传统小额支付模式存在弊端，即只依赖于信用卡为基础的付款，阻碍了消费者的冲动性购买，同时信用卡交易成本过高。因而，作者提出一个改进的新闻小额支付模式，其中包含四项主要驱动力：社会化与分享、微获取、本地化和集中的银行支持系统。[②]

报纸有能力创造出独特的有价值的内容，但缺乏广泛分享的能力。社交媒体逐渐成为传统媒体内容流向在线的重要平台，提供了通过互动和分享进行价值再造的可能性。但付费墙模式旨在鼓励他人购买内容，而不是免费复制和传播。并且，迄今为止，小额支付标准没有确立，小额支付系统之间的互通机制、安全机制没有得到确立，缺乏广泛性的成功。因而，小额支付模式仍处于一个概念性的框架之中，缺乏实施模型的设计案例研究和可行性和实用性测试。

三　付费内容/产品研究

提供有价值的新闻内容或产品是报纸实现收费的关键。但面对读者，哪些内容免费，哪些内容收费，对于架构非硬性付费墙模式的报纸来说是需要考虑与探讨的重点。Macnamara 对《纽约时报》

[①] Hayes, Jameson & Graybeal, Geoffrey (2011). "Synergizing traditional media and the social web for monetization: A modified media micropayment model". *Journal of Media Business Studies*, 8 (2): 19–44.

[②] Graybeal, Geoffrey & Hayes, Jameson (2011). A modified news micropayment model for newspapers on the social web. *The International Journal on Media Management*, 13 (2): 129–148.

于 2005 年 9 月实施的付费墙做了分析和研究。当时《纽约时报》网络版推出了"时报优选"（TimesSelect）作为其主要收费产品，内容包括十几名《纽约时报》特聘的资深专栏作家和评论家撰写的专栏和文章，以此向《纽约时报》非印刷版订户收取每年 49.95 美元或每月 7.95 美元的费用。到 2007 年，"时报优选"已拥有 227000 名付费订户。但单纯依靠专栏性文章难以吸引更多的订阅读者，订阅收入增长已经趋缓，加上当时数字广告增长势头强劲，到了 9 月《纽约时报》还是最终取消了付费政策，网络版所有内容又回到了依赖广告收入的模式。① 对于《纽约时报》2011 年开始再次发起的付费墙策略，Learmonth 引用了《赫芬顿邮报》的创建者 Arianna Huffington 的观点，她认为，越多的媒体网站将内容放置付费墙内，对《赫芬顿邮报》越有利。《纽约时报》对普通新闻收费是个赢不了的游戏，除了金融财经信息和情色类信息之外，其他新闻内容都该是免费的。②

Lacy、Duffy、Riffe、Thorson 和 Fleming 比较了公民新闻网站（citizen blog sites）和公民博客网站（citizen news sites）与报纸网站的异同，指出公民新闻网站与博客网站是报纸网站的重要补充。但这一论断的前提是网络新闻均免费，如果报纸网站实施付费墙，公民新闻网站与博客网站将有可能成为报纸网站的替代品。③ 因而，再看 Arianna Huffington 的观点，其对于《纽约时报》对普通新闻收费必然失败以及收费内容判断固然有失偏颇，但对于《赫

---

① Macnamara, Jim（2010）. "Remodelling media: the urgent search for new media business models", *Media International Australia* (8/1/07 – current), Nov. 2010, 137: 20 – 35.

② Learmonth, Michael（2011）. "Arianna Huffington: NYT paywall won't work, but will be good for us". *Advertising Age*, 82（15）: 8.

③ Lacy, Stephen & Duffy, Margaret & Riffe, Daniel & Thorson, Esther & Fleming, Ken（2010）. "Citizen journalism web sites complement newspapers". *Newspaper Research Journal*, 31（2）: 34 –46.

芬顿邮报》这样的新闻博客网站，确实乐于看到报纸网站实施付费墙，这将成为它们拓展市场与赢得更多读者的重大契机。

在社区报和区域报纸付费墙研究方面，学界普遍看好其内容优势。Steinle 和 Brown 认为，相比大报而言，小报因其独一无二的内容优势，更容易架设付费墙。① Ives 也持同样观点，他认为对于本地化特色明显且缺少同类竞争的社区小报来说，实施付费墙是可行并能够获得成功的。同时也强调了必须采取循序渐进的策略，并对宾夕法尼亚州的《兰卡斯特新纪元报》率先对占网页浏览量5%的讣闻版面实施收费进行了个案分析。② Spiwak 也对这一案例进行了关注和研究。③ Milstead 与 Fitzgerald 研究了 2009 年美国自由通信媒介公司旗下在利马、哈林根的小报实施收费的情况，它们将突发新闻和本地新闻放置在付费墙内，体育、交通和天气、讣闻版则供读者免费阅读。但是由于存在本地竞争，半年后不得不放弃付费墙策略。他们认为，报纸网站的收费内容需要更有针对性，但读者规模将趋于小众化。实施付费墙的报纸网站极易被部分免费报纸网站替代，报业需要步调一致向付费墙迈进，才能够取得广泛性的成功。④

Jensen 从法学视角对在线新闻内容的保护进行了探讨。许多网上新闻读者已经放弃从报纸网站获取新闻而通过某些网站的聚合链接获取经过复制或重新包装后的新闻内容。在大多数情况下，聚合器集成商不向新闻内容生产方支付任何费用。Jensen 认为，新闻聚合从某种程度上可以帮助报纸建立自己的品牌和培育读者

① Steinle, Paul & Brown, Sara (2012). "Embracing the future". *American Journalism Review*, 34 (1): 50 - 55.

② Ives, Nat (2010). "Success of pay walls at smaller papers is good sign for print". *Advertising Age*, 81 (18): 8, 119.

③ Spiwak, Cary (2011). "Pay to Play". *American Journalism Review*, 33 (1): 34 - 39.

④ Milstead, David & Fitzgerald, Mark (2010). "Newspapers' perilous paywall moment". *Editor & Publisher*, 143 (8): 30 - 35.

的忠诚度，但是也具有窃取报纸等内容拥有方工作成果、获取受众浏览量以赚取广告费用的嫌疑。随着越来越多的报纸实施付费墙，联邦法律应更改版权法和著作权法，为内容创作者提供最全面的保护。[①]

四 受众/用户研究

（一）受众/用户支付意愿研究

对受众/用户支付意愿的研究方面，Graybeal、Sindik 和 Qing 调查了读者对报纸网络版的支付意愿，结果显示高达 65.2% 的用户持反对意见，有支付意愿的用户仅占 7.6%。其中，对印刷报纸更具忠诚度的、频繁阅读新闻的用户是最愿意为网络版付费的人群。[②]

Chyi 通过调查 767 名美国成年网民，系统地评估了用户对不同类型报纸的支付意向、愿意支付的金额以及用户对于报业当前多种支付模式的回馈。结果显示用户仍偏好使用及支付印刷版报纸，对在线新闻内容（包括 Web 和应用程序）支付意愿薄弱。[③]

Sindik 和 Graybeal 通过调查美国东南部大学的本科生和研究生对于在线新闻是否采用小额在线支付的意愿，得出品牌忠诚度是对于消费者是否愿意支付在线新闻产生最相关最显著的因素。这项调

① Jensen, Amy (2010). "When news doesn't want to be free: rethinking 'hot news' to help counter free riding on newspaper content online". *Emory Law Journal*, 60 (2): 537 - 584.

② Graybeal, Geoffrey & Sindik, Amy & Qing, Qingmei (2012). "Current print subscribers more likely to pay for online". *Newspaper Research Journal*, 33 (3): 21 - 34.

③ Chyi, Hsiang Iris (2012). "Paying for what? how much? and why (not)? predictors of paying intent for multiplatform newspapers". *The International Journal on Media Management*, 14 (3): 227 - 250.

查发现，大学生是对于网络媒体消费适应能力与享受能力最强的一代，却也是对于在线内容付费最抵触的一代人。大多数受访者是活跃的在线新闻的读者，经常阅读网络新闻的占总人数的 60%。大多数（69%）受访者认为在线资源是他们了解新闻的主要来源。绝大多数受访者不支付任何的费用获取新闻内容，不管他们获取新闻的途径是印刷报纸或在线新闻来源。支付费用的受访者中，支付印刷报纸的方式主要是订阅或从商店零售，仅有 5% 的受访者称曾通过订阅服务支付在线新闻内容。在研究中，《纽约时报》是最受欢迎的在线阅读报纸，36% 的受访者表示他们愿意支付阅读《纽约时报》在线新闻。区域报纸（regional paper）是第二个经常阅读的报纸类型，12% 的受访者愿意支付区域报纸网络版。本地报纸（local paper）读者中，3% 的受访者表示会付费阅读当地报纸的在线内容。该研究结果也证明了《纽约时报》是最有可能成功实施付费墙的报纸品牌。[①]

Yang 和 Chyi 考察了区域市场内的 27 家报纸网站，并将数字时代报纸的媒体竞争态势做了如下分类：跨媒体竞争（Intermedia Competition），即报纸线上与印刷版的竞争；媒体内竞争（Intramedia Competition），即在线报纸与其他新闻网站的竞争。研究发现，对于区域市场而言，市场存在的主要竞争关系是当地报纸的印刷版和网络版。该研究对常规的报纸跨媒体产品组合提出质疑。同时，也为区域性报纸和社区小报实施付费墙提供了理论依据。消费者是否愿意为在线新闻支付费用受制于同一个市场是否存在替代品，用户在未获取印刷版并且当其他新闻网站不存在替代性产品的情况下，

---

① Sindik, Amy & Graybeal, Geoffrey (2011). "Newspaper micropayments and millennial generation acceptance: A brand loyalty perspective". *Journal of Media Business Studies*, 8 (1): 69 - 85.

会愿意付费订阅报纸网络版。[①] Hall 通过调查欧美地区读者对在线新闻支付的意愿发现，20 岁以下的"数字原生代"最有支付意愿。但是，相对于报纸，年轻人更愿意支付电影、音乐、游戏和杂志，Hall 建议，报纸应该打破传统，通过包装等手段创新新闻售卖方式，才能吸引更多的年轻读者。[②]

Cook 和 Attari 通过一个全国性的网上纵向调查来了解受众对于网络版报纸实施付费墙的态度和行为。研究发现，大多数读者没有支付计划，认为报纸实施付费墙后将会贬值，不会再经常访问其网站，或者会选择利用漏洞"翻墙"。在阐释构架付费墙动机方面，调查结果显示，盈利动机对于读者来说没有说服力，而缓解报纸营收危机的阐释，容易赢得读者支持和采取付费行为。同时受众抵制报纸对以往免费内容收费，对创新性版面及内容进行收费具有一定说服力。[③]

（二）受众/用户分布及价值评估

以往对于在线报纸读者的经济价值评估主要是从广告商角度来考察，即用户产生的流量实现了数字广告创收。实施付费墙后，对于在线读者的价值重新评估势在必行。很少有付费墙计划的报纸能够关注在线读者群中的利基市场，比如，非印刷发行范围内的在线读者市场。对这些非传统读者了解的缺乏，不利于区分不同类型的用户和他们的需求，阻碍了付费墙策略的有效评测

---

① Yang, Mengchieh Jacie & Chyi, Hsiang Iris (2011). "Competing with whom? where? and why (not)? An empirical study of U. S. online newspapers' competition dynamics". *Journal of Media Business Studies V*, 8 (4): 59–74.

② Hall, Emma (2010). "Lessons for U. S. media from European paid-content plays". *Advertising Age*, 81 (9): 10.

③ Cook, Jonathan & Attari, Shahzeen (2012). "Paying for what was free: lessons from the New York Times paywall". *Cyberpsychology, behavior and social networking*, 15 (12): 682–687.

以及改善。

Chyi 通过针对 28 家地方报纸的在线读者人群调查发现，在线读者在地理区域上比印刷读者更分散。学者根据发行范围把美国报纸划分为社区（community）、都市（metro）、区域（regional）、国家（national）和国际（international）五个层级，研究发现，相比印刷报纸发行范围而言，在线报纸的读者所在地理市场往往会扩大到下一个层级。①

俄亥俄州立大学的 Simpson 检视了报纸网站的读者与印刷版订阅者之间的价值关系，发现在数字环境下，报纸网站的浏览者的价值高于印刷版的订阅者价值。报纸网站的浏览者，无论付费或免费用户，都在很多方面对其他潜在的客户产生直接或间接的影响。Simpson 研究发现，网站浏览者的价值在于，通过使用和交互产品信息为其他受众提供内容，比如会把该新闻网站或者某些新闻推荐给他人，并在原创内容基础上添加评论或其他个性化信息。因而，研究者忧虑报纸设置付费墙后，大部分受众的互联网体验被切断，其价值将被削弱乃至丧失。②

（三）受众/用户阅读体验和满意度研究

Yoo 通过对在线报纸读者满意度的调查研究提出了"读者互动性"（audience interactivity）这一概念，认为在线报纸读者存在获取资讯、消遣、娱乐、社交四大动机，并以此是否获得满足作为对在线报纸的评判标准。社交动机的满足是在线报纸与印刷报纸相比所独具的。研究认为，在线报纸需要鼓励订户积极通过使用各种互

---

① Chyi, Hsiang Iris (2011). "Online readers geographically more dispersed than print readers". *Newspaper Research Journal*, 32 (3): 97–111.

② Simpson, Edgar (2011). "Print subscribers add value to newspaper websites". *Newspaper Research Journal*, 32 (4): 39–52.

动功能参与新闻生产与传播过程，这种参与也使读者动机获得满足，从而鼓励其继续使用。①

Hollander、Krugman、Reichert 和 Adam 研究发现，美国报纸印刷版读者的减少，除了受到各种数字技术严重冲击传统印刷出版业等原因外，也由于许多都市报纸为了缓解困境，退出了发行成本昂贵的一些地理区域，这种"修剪边缘"的策略丧失了不在新的发行区域内的许多老读者。而这些被"遗弃"的读者也成为订阅报纸网络版的生力军。他们通过对 20 名《亚特兰大宪法报》的前读者采用深度访谈的形式来调查了解使用亚马逊的 Kindle DX 电子阅读器来订阅数字报纸的阅读体验。受访者一致认为电子阅读器在易读性和便捷性上具有较大优势。但缺失传统的新闻编辑优势。比如对于新闻价值的衡量，印刷报纸上读者可以通过新闻版面的大小和位置的显著与否进行判断，而在 Kindle 上只有大小相等的故事和标记，看不到明显的优先级列表，缺乏有效编辑组织与排版设计。并且，受访者表示报纸网络版还缺失插图、漫画、填字游戏、优惠券，甚至是广告等内容。② 由此可见，读者的阅读体验关系到对设置付费墙的网络版报纸的接受程度，基于数字移动设备的网络报纸必须成为印刷报纸的"增强版"。

Lisheron 研究了《明尼阿波利斯明星论坛报》设置付费墙以来的运营状况，他认为，设置付费墙为报纸收回了新闻内容的所有权，受众不再面临购买印刷版内容或免费获取网络版的选项。为了吸引数字订阅，报纸必须提升新闻品质，改善运营能力。报纸印刷

---

① Yoo, Chan Yun（2011）. "Modeling Audience interactivity as the gratification-seeking process in online newspapers". *Communication Theory*, 21（1）：67 - 89.

② Hollander, Barry & Krugman, Dean & Reichert, Tom & Adam, Avant,（2011）. "The e-reader as replacement for the print newspaper". *Publishing Research Quarterly*, 27（2）：126 - 134.

版和网络版既要统一平台，又要区别对待。比如网络版读者更关注
突发性新闻，而不愿意等候传统报纸 24 小时的新闻周期。[①]

五 付费墙与广告业务研究

Spiwak 指出，几十年来，美国的报纸基本遵循 "80/20" 规
则。即 80% 的收入来自广告，20% 的收入来自发行，然而，印刷
广告从 2006 年开始呈现出迅速大幅下滑状态，颓势难以挽回。[②]
Macnamara 所持观点也与此相似，通过 2004~2009 年美国报纸广
告收入统计（见表1）可以发现，美国印刷报纸广告收入呈长期持
续下降的趋势，数字广告收入在 2008 年后也开始陷入困境，加剧
了报纸整体广告收入的萎缩。广告市场的不景气固然受到全球金融
危机的影响，但也在不断催促报纸需要摆脱对广告创收的单纯性依
赖，必须进行结构性改革。[③]

表 1 2004~2009 年美国报纸广告收入

年份	印刷版广告收入（百万美元）	增长百分比（%）	网络版广告收入（百万美元）	增长百分比（%）	广告总收入（百万美元）	增长百分比（%）
2004	46703	+3.9	$1541	+26.7	$48244	+4.5
2005	47408	+1.5	$2027	+31.5	$49435	+2.5
2006	46611	-1.7	$2664	+31.5	$49275	-0.3
2007	42209	-9.4	$3166	+18.8	$45375	-7.9
2008	34740	-17.7	$3109	-1.8	$37848	-16.6
2009	24821	-28.6	$2743	-11.8	$27564	-27.2

---

① Lisheron, Mark (2012). "On the rebound". *American Journalism Review*, 34 (2): 34 – 39.

② Spiwak, Cary (2011). "Pay to Play". *American Journalism Review*, 33 (1): 34 – 39.

③ Macnamara, Jim (2010). "Remodelling media: the urgent search for new media business models", *Media International Australia* (*8/1/07 – current*), Nov. 2010, 137: 20 – 35.

Chyi 认为，由于受当前互联网广告景观的改变以及日趋成熟的电子商务的影响，区域性报纸网络版的广告业务将焕发生机。以往的网络版区域报纸只易于吸引本地广告主，而随着谷歌、雅虎等数字媒介巨头通过国家级甚至国际级的广告网络与越来越多的广告主和媒体开展合作，采取定向的、基于关键字等形式在更广泛的地域范围进行广告投放，以往不受本地广告商关注的非本地数字订阅用户，逐渐被看作是新兴的、值得追求的利基观众。[①]

Patel 考察了当前美国广告主面对报纸媒体实施付费墙后的一个新的营销策略，即与报纸公司达成赞助协议，给予客户免费访问其收费网站的特权。福特汽车公司旗下的林肯品牌为其 20 万名潜在目标消费者提供了《纽约时报》的免费通行证，为每人开放价值 150 美元的付费内容。[②] 这种广告主为目标消费者埋单的赞助方式的费用比标准广告的购买成本要高，但营销人员认为其回报高于平均广告购买的效果，是一种与消费者接触的崭新方式，为企业或产品品牌创造了口碑和商誉，同时，对于报纸而言，获得了更高的利润，也利于培养读者使用习惯，适应报纸新的付费环境，可谓"一箭双雕"。

六　研究启示与展望

由于报纸付费墙的设置与运营时间较短，加之学术研究具有明显滞后性，因而学术成果有限，也存在一些不足。一是部分研究结论与事实偏差较大。比如大多数受众调查研究得出警告性结论：如

---

① Chyi, Hsiang Iris (2011). "Online readers geographically more dispersed than print readers". *Newspaper Research Journal*, 32 (3): 97 – 111.

② Patel, Kunur (2011). "This trip over the paywall is brought to you by". *Advertising Age*, 82 (14): 1 – 88.

果付费墙建立，绝大多数用户将不会为内容付费并将进一步放弃报纸媒体。而事实则恰恰相反，美国报纸开始从付费墙"试水"转向"全情投入"后，用户持续增长，付费墙已经在广泛市场范围内取得初步成功。二是对于数字媒体环境下报纸采用融合型渠道实现新闻产品的呈现方面研究存在不足。基于媒介融合与读者的媒介接触方式进行内容的有效呈现，形成与用户直接互动的渠道及体验接点，这是付费墙体系中新闻产品呈现的特点，除了传统报纸网站之外，智能手机、平板电脑、电子阅读器等终端设备，都是付费墙产品的主要呈现接点，对这些移动终端的重视也是报纸付费墙成功的重要原因。融合型的产品呈现系统可以真正实现产品的全介质传播，让用户在任何地点、任何时间获得想要的内容产品，满足用户对信息规模化、多样化、个性化以及互动性等多种需求。三是对于报纸付费墙产品的营销与推广方面研究存在不足。当前报纸媒体仍采取举办用户线下活动、礼品馈赠、打折优惠等传统营销手段来推广付费墙产品以吸引新用户、维系老用户，缺乏创新性营销策略，对此应予以深入探讨。

展望今后付费墙的研究，预计有几个方面值得关注。一是付费墙策略应用领域的扩展性研究。当前大多数实施付费墙的报纸放弃了对非订阅用户在社交媒体获取新闻内容的收费。比如《纽约时报》网站允许订阅用户通过博客和社交网站 LinkedIn、MySpace、Facebook、Digg、Yahoo!、Buzz 等永久链接、电子邮件的形式与好友分享其从时报网站获取的新闻内容。这也成为越来越多的非订阅读者获取新闻内容的一个免费的"侧门"。这个"侧门"是否会关闭，构架付费墙的报纸将如何应对社交媒体平台，这不仅是报纸媒体的问题，还涉及整个社交媒体有偿服务的探索。二是对于用户研究的深入。当前报纸主要追求的仍是数字订阅用户数量上的积累，随着付费墙的成熟和用户的稳定，在法律允许范围内跟踪和分析用户，构建并完善数据库，打造报业的大数据平台，既利于改善付费墙策略，也利于优化广告投放业务，为报纸创造新的盈利点。三是美国报纸付费墙对其他国家报业运营的示范和参考。对于中国来说，报业的转型发展正处于激进变革的"趋近"阶段，数字化进程付费墙策略是否适合中国报纸？是否能成为报纸新产业模式构建的重要组成部分？西方媒体对内容生产的重要性不言自明，对于我国而言，付费墙能否成功的最核心的问题则是新闻内容的权威性和不可替代性。如果将宣传产品与新闻产品混杂呈现，就难以形成报纸产品的市场影响力和吸引力。从报纸运行的角度看，通稿制是对报纸内容生产的剥夺和限制。其结果是，报纸难以充分加强自身的生产能力和创新能力，限制了报纸权威性和影响力的释放。如果在重大新闻事件发生时，一家报纸不能在第一时间向自己的目标读者提供有价值、有个性的客观报道，不能对新闻事件进行独家解读和深度分析，不能自主选择"报"还是"不报"以及"如何报"，报纸就失去了自己的专业性、价值甚至读者。当然，除了新闻产品内容，还有平台、品牌、受众、价格、促销等一系列要素的构建与完善，才能打造好中国报纸的付费墙基础。这些都值得进一步研究分析以及业界的大胆尝试探索。

从当前来看，报纸付费墙发展势头不容小觑，但是否能够完全拯救报纸于危机尚需从理论和实践层面给予持续研究和关注。对于付费墙的评价，《华尔街日报》最为中肯：付费墙"将给报纸一个复兴的机会"。①

---

① Hagey, Keach (2012, October 15). "Media: Paywalls giving newspapers chance at comeback". *Wall Street Journal Eastern Edition* [New York, N.Y], B4.

图书在版编目（CIP）数据

中国报业：市场与互联网视域下的转型/吕尚彬著.—北京：社会
科学文献出版社，2014.10

（珞珈问道文丛）

ISBN 978 - 7 - 5097 - 6441 - 1

Ⅰ.①中…　Ⅱ.①吕…　Ⅲ.①报业 - 研究 - 中国　Ⅳ.①G219.2

中国版本图书馆 CIP 数据核字（2014）第 201199 号

·珞珈问道文丛·

中国报业：市场与互联网视域下的转型

著　　者／吕尚彬

出 版 人／谢寿光
项目统筹／祝得彬
责任编辑／仇　扬

出　　版／社会科学文献出版社·全球与地区问题出版中心（010）59367004
　　　　　　地址：北京市北三环中路甲 29 号院华龙大厦　邮编：100029
　　　　　　网址：www.ssap.com.cn
发　　行／市场营销中心（010）59367081　59367090
　　　　　　读者服务中心（010）59367028
印　　装／三河市尚艺印装有限公司

规　　格／开　本：787mm × 1092mm　1/16
　　　　　　印　张：13.25　字　数：170 千字
版　　次／2014 年 10 月第 1 版　2014 年 10 月第 1 次印刷
书　　号／ISBN 978 - 7 - 5097 - 6441 - 1
定　　价／59.00 元